Londres

breve historia universal

Londres
Historia de una ciudad

A. N. WILSON

Traducción de Juan Manuel Ibeas

DEBATE

Título original: *London: A Short History*
Publicado originalmente por Weidenfeld & Nicolson, Londres, 2004

Primera edición: febrero de 2005

Printed in Spain – Impreso en España

ISBN: 84-8306-615-7
Depósito legal: M. 50.988-2004

Compuesto en Fotocomposición 2000, S. A.

Impreso en Brosmac, S. L.
Pol. Ind. N.° 1. Calle C, n.° 31, Móstoles (Madrid)

C 846157

A Peter Ackroyd

Índice

Cronología de la historia de Londres

43 d.C.	Aulo Plaucio, victorioso sobre las fuerzas nativas, construye un puente sobre el Támesis. Acampa cerca de la moderna Westminster, donde recibe al emperador Claudio. Los romanos fundan Londinium.
60	Rebelión de los icenios, mandados por la reina Boadicea. Muchísimas bajas. Los romanos salen victoriosos.
61-122	Construcción de Londinium como gran ciudad.
c. 400	Llegada a Gran Bretaña de tribus germánicas. Retirada gradual de los romanos y declive de Londres.
597	San Agustín llega a Inglaterra como misionero.
604	Fundación del obispado cristiano y primera catedral de San Pablo en Londres.
1066	El conquistador normando Guillermo I es coronado en Westminster. Se construye la Torre Blanca como fortaleza normanda.
1097-1099	Construcción de Westminster Hall, centro de la corte real.
1189	Primer alcalde de Londres, Henry Fitzailwin.
1221	Se terminan de construir la torre y el campanario de la vieja catedral de San Pablo.
1245-1269	Enrique III reconstruye la abadía de Westminster.
1377-1399	Reinado de Ricardo II. Esplendor de Londres, con los escritores Chaucer, Gower y Langland. Se pinta el díptico de Wilton. Enorme riqueza debida al comercio de lana.

1381	Revuelta de los campesinos. John Ball dirige a una enorme multitud de rebeldes que cruza el Puente de Londres. La rebelión es reprimida.
1476	Caxton funda su imprenta en Londres.
1509	John Colet funda el Colegio de San Pablo.
1535	Tres frailes cartujos ahorcados en Tyburn. La Cartuja de Londres se cierra en 1537 y es cedida a sir Edward Norton. Con el tiempo (1614) se transformará en un colegio, Charterhouse School.
1554-1558	Más de doscientos mártires protestantes son quemados en Smithfield.
1561	Se funda en Suffolk Lane la Escuela de Sastres Comerciales.
1570	La reina Isabel I inaugura la Bolsa (Royal Exchange).
1598-1599	Cuthbert y Richard Burbage construyen en Bankside el Globe Theatre, donde se representan muchas obras de Shakespeare. Los puritanos lo cierran en 1642.
1615	Inigo Jones, supervisor general de obras, diseña la Queen's House de Greenwich (terminada en 1622), un nuevo palacio en Whitehall (que no se llegó a construir), restauraciones y reformas en la catedral de San Pablo, y la reconstrucción de Covent Garden (terminada en 1639).
1649	
30 de enero	Ejecución del rey Carlos I frente a Banqueting House, Whitehall.
1660	
noviembre	Constitución oficial de la Royal Society (estatuto en 1662).
1666	
2 de septiem.	El Gran Incendio comienza en Pudding Lane, al este del Puente de Londres. Se pierden 13.200

casas y muchos edificios públicos e iglesias, el Hospital de Cristo, la cárcel de Newgate y el castillo de Baynard. El ayuntamiento queda muy dañado. San Pablo, casi en ruinas. Se emprende un gran programa de reconstrucción.

1694 La Ley del Banco de Inglaterra establece un banco nacional y una deuda pública.

1710 Se termina la catedral de San Pablo.

1720 Se funda el Hospital de Westminster. Le siguen otros cuatro hospitales generales: el de Guy (1725), el de San Jorge (1733), el London Hospital (1740) y el de Middlesex (1745).

1720

septiembre Crisis de la burbuja del Mar del Sur, una de las grandes crisis del capitalismo.

1714-1729 Se construye el magnífico Hospital de la Iglesia de Cristo, de Hawkmoor, en una zona que se llena rápidamente de tejedores hugonotes. Londres es el centro de la industria de tejido de seda.

1780

2 de junio Disturbios dirigidos por lord George Gordon en protesta contra la abolición de la legislación anticatólica. Se destruyen varias capillas privadas en embajadas y se incendian las prisiones de Newgate, Clerkenwell, Fleet, King's Bench y Borough Clink.

1829

julio En virtud de la Ley de Policía Metropolitana, idea de sir Robert Peel, se crea un cuerpo de policía para la capital.

1848

10 de abril Manifestación cartista en Kennington Common. La familia real es enviada a la isla de Wight por

	motivos de seguridad. El Banco de Inglaterra y Somerset House se protegen con sacos terreros. Ochenta mil policías especiales movilizados contra los agitadores que claman: «Un hombre, un voto». Se esperan doscientos mil cartistas, pero acuden menos de veinte mil.
1851	Exposición Universal en Hyde Park.
1863	Se inaugura el Metropolitan Railway, el primer ferrocarril suburbano a vapor. El primer suburbano eléctrico por túneles de acero se inaugura en 1870.
1868	Se termina el plan de alcantarillado de Joseph Bazalgette, con un coste de 4,6 millones de libras. Con una longitud de 132 kilómetros, vierte cada día al Támesis doscientos millones de litros de agua de lluvia y aguas residuales sin tratar.
1880-1900	Proliferan los grandes almacenes del West End, a imitación del de William Whiteley de Westbourne Grove: Dickins & Jones, Marshall & Snelgrove, Swan & Edgar, Debenham & Freebody…
1889	Sir William Harcourt, ministro del Interior en el gobierno conservador de lord Salisbury, crea el London County Council (LCC). Sidney Webb describe Londres como «una comunidad verdaderamente autónoma».
1914	
3 de agosto	Último día de paz antes de la Gran Guerra. Grandes multitudes se congregan para aclamar al rey frente al palacio de Buckingham. El primer ministro, Asquith, comenta: «A la plebe de Londres siempre le ha gustado la guerra».
1915	
31 de mayo	Primeros ataques de dirigibles Zeppelin contra el puerto y la City.

1931	La Real Comisión de Transportes declara que los tranvías están «en estado de obsolescencia». Poco a poco se van suprimiendo.
1832	
octubre	La Unión Británica de Fascistas convoca su primera manifestación en Trafalgar Square. No llegaron a ganar ningún escaño en el Parlamento.
1939-1945	Segunda Guerra Mundial. Al principio se temía que murieran 100.000 londinenses, pero la cifra resultó exagerada. Los ataques aéreos provocaron 29.890 muertos y 50.000 heridos graves. Inspirados por Churchill y los reyes, los londinenses sobrevivieron valerosamente a los años de bombardeos y apagones.
1951	Festival of Britain.
1956	Ley de Aire Puro. No acabó de golpe con las famosas nieblas de Londres (la «sopa de guisantes»). En diciembre de 1957, la niebla provocó un grave accidente ferroviario en Lewisham, en el que se perdieron 87 vidas. La última «sopa de guisantes» digna de tal nombre tuvo lugar en diciembre de 1962.
1958	Disturbios raciales en Notting Hill.
1963	Ley de Gobierno de Londres. Se crea el GLC, (Great London Council), más grande pero más débil que el viejo LCC. Se define la zona sometida a la Autoridad Educativa del Londres Interior (Inner London Education Authority, ILEA).
1986	Abolición del GLC por Margaret Thatcher.
27 de octubre	El «big bang» acaba con las comisiones fijas y abre el ahora llamado «Mercado Internacional de Valores» a las empresas extranjeras, permitiendo la formación de grandes bancos comerciales y agencias de Bolsa e introduciendo el comercio electrónico.

1999 La Ley de Autoridad del Gran Londres crea una estructura para elegir un alcalde y veinticinco miembros del consejo municipal. El primer alcalde electo fue Ken Livingstone, que como candidato independiente derrotó a los tories y a los laboristas.

1

Preludio: una historia de Londres

Una de las mejores maneras de ver Londres de una vez y en conjunto es subir por Hampstead Heath y mirar hacia abajo desde Parliament Hill. En días despejados, desde este punto elevado del norte la vista puede abarcar toda la bulliciosa y caótica extensión que incluye monumentos tan conocidos como la parpadeante torre gigante de Canary Wharf al este, la cúpula de San Pablo justo enfrente, o el palacio y la abadía de Westminster al oeste. Desde esta altura vemos, justo debajo de nosotros, los pueblos absorbidos por el norte, como Kentish Town y Camden Town, vemos los árboles de Regent's Park y Hyde Park y, a lo lejos, al sur del río, podemos contemplar el crecimiento suburbano del sur, sus hileras de casas, sus mansiones, sus torres de apartamentos, sus iglesias y sus cines.

Lo que estamos mirando no es una ciudad que se haya construido siguiendo un plan uniforme. Aquí no hay una cuadrícula de calles numeradas como en Nueva York, no hay homogeneidad arquitectónica como en San Petersburgo, no hay un plano urbano rígidamente puro como en el París posnapoleónico y post-Haussmann. Lo que vemos es más bien una aglomeración de barrios, de antiguas aldeas, rebosante de vida y vigor, pero sumida en un caos social y arquitectónico controlado a duras penas. Desde nuestra posición, con las bellezas naturales del Heath a nuestra espalda, vemos poca belleza. Esta no es una de las grandes vistas urbanas del mundo, como las que podríamos contemplar desde el Pincio o desde Fiesole al mirar Roma o Florencia. Poco de lo que vemos parece haber sido planificado. Los dos grandes centros del viejo Londres, la City propiamente dicha (City of London), una milla cuadrada situada al este, y Westminster (City of Westminster) al oeste, todavía siguen siendo distinguibles hoy. Las aldeas, expandidas hasta convertirse en barrios, que los rodean y los unen mediante una multitud de calles abarrotadas de gente y de tráfico, tienen cada una su propia identidad e historia.

Así pues, la historia de Londres es, por su propia naturaleza, una historia colectiva, un calidoscopio de muchas historias y no un libro con un único autor y un solo tema. Además, debido al tamaño y fluidez de su población, debido a su constante cambio y crecimiento, gran parte de la historia de Londres está oculta a nuestra vista. Los obreros que excavan la tierra para construir un nuevo edificio pueden desenterrar de improviso evidencias de un Londres perdido, los restos de un antiguo teatro donde actuó Shakespeare, el cauce de un canal medieval o un pavimento de la época romana. Estos descubrimientos siempre avivarán sentimientos, y en algunos casos la arqueología preservará o reclamará los escasos fragmentos de un pasado olvidado. Sospecho que ha habido muchos más casos en la historia de la industria constructora de Londres en los que, para evitar retrasos en el nuevo edificio, la piqueta o el taladro eléctrico han borrado sin más los vestigios de lo antiguo para dejar sitio a lo nuevo.

Casi toda la historia de Londres, como las vidas de la mayoría de los londinenses, ha caído en el olvido; y lo que decidamos recuperar, sobre todo en un estudio tan breve como este, será arbitrario. Mirando el Londres del siglo XXI desde lo alto de Parliament Hill, nos damos cuenta de lo mucho que permanece oculto y de lo mucho que se ha perdido para siempre. Podemos ver, por ejemplo, las propiedades físicas de la geografía de Londres. Desde esta altura podemos ver que el conglomerado de poblaciones que llamamos Londres crece encima y alrededor de un conjunto de colinas bajas. Pero aunque captamos un reflejo de luz plateada en el gran Támesis, que serpentea entre los edificios grises, no vemos ninguno de los ríos y arroyos que en otro tiempo bajaban de estas colinas: el Wandle y el Effra, todavía visibles en el sur de Londres; el Walbrook, que atravesaba Shoreditch y la City y desembocaba en el Támesis; el Tyburn, que nacía en Belsize Park y bajaba (ya no) desde Haverstock Hill, cruzando Regent's Park y pasando por detrás del palacio de Buckingham. Estos arroyos, como las historias de millones de londinenses muertos, están perdidos para nosotros, ocultos de la vista, secos o, como el río Fleet, son ahora subterráneos.

El Fleet, otro afluente del Támesis, tenía su origen en las charcas de Hampstead en Caen Wood (Kenwood), justo detrás de donde nos encontramos nosotros en Parliament Hill, mirando el Londres actual. Si siguiéramos el curso del Fleet, ante nosotros se desplegarían casi todas las fases de la historia de Londres.

La cabecera occidental del Fleet nacía en el Vale of Health (el Valle de la Salud), cuyo nombre dicen que se debe a que no resultó afectado por la gran epidemia de peste de 1665; la oriental, en el parque de lo que ahora es Kenwood House. Estas partes de Londres, cubiertas de hierba y árboles, nos recuerdan que hasta la época victoriana existió un margen externo, donde terminaba el crecimiento urbano de Londres, que era auténticamente rural. Cuando el señor Pickwick y sus amigos especulaban sobre el origen de las charcas de Hampstead no estaban hablando de un suburbio rico, sino de una aldea rústica.

Todavía en una fecha tan tardía como 1840, el Fleet, al pasar por Kentish Town y Gospel Oak, era un arroyo que corría por campo abierto. El Gospel Oak (Roble del Evangelio) se llamaba así porque en otro tiempo los predicadores pronunciaban sermones bajo sus ramas. Según la tradición, el propio san Agustín, que trajo la fe desde Roma a finales del siglo VI, fue el primero de estos evangelistas. No sabemos si es verdad, ni si fue él quien instaló la piedra del altar de una de las iglesias más antiguas de Inglaterra, la vieja Saint Pancras (hay quien dice que esta iglesia, a orillas del río Fleet, se construyó en 313 o 314). El Fleet, como la historia del propio Londres, es ahora subterráneo: cruza por debajo del Regent Canal y en algunos puntos está enterrado a una profundidad de siete metros y medio. Cuando pasaba por el sur de la iglesia de Saint Pancras salía de nuevo a la superficie. El distrito conocido como Battlebridge (Puente de la Batalla) se llamaba así por un puente de ladrillo de un solo carril que cruzaba el Fleet.

Lo que no se sabe es qué batalla conmemoraba. La leyenda que afirma que señala el lugar del último enfrentamiento de Boadicea con los romanos tiene poco fundamento, lo mismo que la conjetura, creída por algunos londinenses, de que aquella irreductible guerrera está enterrada bajo el suelo de lo que ahora es el andén siete de la estación de King's Cross. En 1830, cuando murió Jorge IV, los habitantes de Battlebridge erigieron un edificio octogonal decorado con pilastras en memoria de aquel rey, que no siempre fue popular. Se terminó de construir hacia 1836. A causa de la cruz de la veleta del tejado, algunos lo llamaron la Cruz de Boadicea; otros, la Cruz de San Jorge, y otros, atribuyendo tal vez una inexplicable santidad al difunto monarca de la casa de Hannover, la Cruz del Rey (King's Cross). Sobre su portal había una escultura de estuco que dicen que se parecía al monarca. Al octógono no se le encontró ninguna utilidad obvia. Se usó como comisaría, después como pub y más tarde como cámara oscura. Cuando llegó el ferrocarril, el edificio estorbaba el paso y fue demolido en 1845. La King's Cross había durado menos de diez años, pero desde entonces ha dado nombre a una de las zonas más cochambrosas de Londres.

El Fleet cruzaba lo que ahora es King's Cross Road y seguía su curso hacia Farringdon Road. En este tramo de su recorrido se le llamaba Hol-bourne o Healing Stream (Arroyo Curativo). También era conocido como River of Wells (Río de los Pozos). En su recorrido desde Hampstead hasta King's Cross, el Fleet nos ha recordado que Londres es un conjunto de aldeas y pueblos que hasta la era del ferrocarril tenía muy cerca, e incluso en su interior, campo abierto, tierras de cultivo. Nos ha recordado el origen romano de Londres y su antiquísimo pasado cristiano. Ha simbolizado, con su desaparición, el grado en que la era del ferrocarril, con la industrialización y la superpoblación que la acompañaron, cambió Londres para siempre, destruyendo y ocultando gran parte de su característico y persistente pasado. Pero si seguimos el River of Wells hasta el Támesis, encontraremos otros aspectos y estampas de la historia de Londres. En el canal de Lamb, que conectaba el Holborn (Fleet) con un pequeño arroyo, se nos recuerda la riqueza de los gremios de la era Tudor, ya que fue William Lamb, del gremio de trabajadores textiles (y caballero de la capilla de Enrique VIII), quien construyó este pequeño canal, en otros tiempos rebosante de berros, para irrigar la zona. Cerca de allí, en Clerkenwell, recordamos un Londres anterior, que los comerciantes de la época Tudor combatieron y cambiaron, ya que junto a este *fons clericorum* (pozo de los clérigos) se representaban autos sacramentales, siendo un lugar muy apreciado por las monjas benedictinas y el prior y los hermanos de la Orden de San Juan de Jerusalén, que aprovechaban las propiedades depurativas de los pozos.

En tiempos posteriores, el contaminado río Fleet era sinónimo de suciedad y corrupción, un potente símbolo de la hediondez moral de la capital. En 1616, cuando el Fleet todavía era navegable, Ben Jonson se preguntaba:

> *¿Cómo se atreven*
> *tus delicadas narices (en una estación tan calurosa,*
> *cuando todos los clérigos comen alcachofas y guisantes,*
> *lechugas laxantes y comidas flatulentas por el estilo)*
> *a aventurarse por semejante pasaje?*

Pope, en *The Dunciad*, se hacía eco de los cambios experimentados por el River of Wells desde que santa Brígida o santa Brideswell limpió e hizo prosperar el priorato dominico medieval de Blackfriars. En 1728, Pope escribió:

El foso Fleet con las corrientes que en él desembocan
lleva su gran tributo de perros muertos al Támesis,
¡el Rey de las cloacas!, al que ninguna corriente de barro
supera en manchar de negro intenso las aguas plateadas.
«¡Desnudaos aquí, hijos míos! Saltad ahora mismo a él.
Demostrad quién pasa mejor esta dura prueba.»

El humor escatológico, el repugnante bautismo de los necios con excrementos, era un presagio profético de la «prensa del arroyo», que se establecería en Fleet Street doscientos y trescientos años después de la comedia de Pope sobre los cochinos escritores mercenarios.

En la biblioteca Guildhall existe un dibujo a lápiz de 1837, obra de Anthony Crosby, basado en los recuerdos de dos hombres muy ancianos de la Charterhouse (cartuja), que representa el puente sobre el Fleet en Fleet Street, con barqueros introduciendo sus botadores en las fétidas y viscosas aguas, y donde se puede ver todavía el viejo mercado de Fleet. En el siglo XVIII, el río Fleet todavía se utilizaba para transportar «grandes cantidades de grano» al mercado. Sin embargo, las exigencias del tráfico callejero, el estacionamiento de carros, el espacio para almacenamiento y los vertederos de basura condujeron inevitablemente al rellenado de los muelles y a la construcción de puentes bajos y de calles enteras sobre el Fleet. El mercado de Fleet desapareció en 1829. Hacia 1840 desapareció también la antigua prisión de Fleet, en cuyas paredes, como en las aguas mismas del Fleet, se podía leer la historia de Londres.

Hasta una época muy avanzada de la historia británica, la cárcel solo se utilizaba como castigo en una minoría de los casos criminales. La principal función de las prisiones era mantener bajo custodia a las personas acusadas o a los disidentes políticos, hasta que pudieran recibir su castigo corporal o capital. Esta cárcel, construida en tiempos de Guillermo el Conquistador, se utilizó en la Edad Media para lo que podríamos llamar presos preventivos en espera de juicio. (Era la principal de las cuatro prisiones construidas a lo largo del Fleet: las otras tres eran la de Ludgate, la de Cold Bath Fields y la de Bridewell.) Según los registros, parece que la mayoría de los presos medievales estaban encerrados por delitos menores: deudas, disputas por la tierra y ruptura de promesas matrimoniales. Ningún delincuente de importancia fue encarcelado allí antes del Renacimiento, y tampoco se ponían grilletes a los presos. El preso medieval más famoso es ficticio: sir John Falstaff. «Venga, llevad a sir John Falstaff al Fleet», ordena el juez presidente al final de la segunda parte de *Enrique IV*.

Durante el reinado de la reina María, en septiembre de 1553, estuvo preso allí Miles Coverdale, el hombre cuyas traducciones de los Salmos se cantan todavía en las catedrales y colegios de Inglaterra. «En este día comparecieron ante los jueces John Hooper, obispo de Gloucester, y Miles Coverdale, obispo de Exon.» Si la católica María persiguió a los adalides protestantes, su hermana Isabel, durante el siguiente reinado, encarceló allí a los católicos. Leemos que en 1582 el juez instructor de Londres procesó a un tal Osborn, sacerdote y fraile franciscano, por decir misa en la prisión de Fleet, donde estaban recluidos muchos de sus correligionarios católicos. Fue durante el reinado de Isabel cuando se empezó a aplicar tortura en Inglaterra. Si en la década de 1580 los maltratados eran católicos, hacia 1620 o 1621 leemos que el alcaide de Fleet, Alexander Harris, atormentaba a los puritanos. Entonces los presos estaban enjaulados y aherrojados.

La antigua prisión de Fleet quedó destruida en el Gran Incendio de 1666. La cárcel reconstruida fue testigo del gran siglo del crimen y castigo en Inglaterra, el XVIII. Según los criterios modernos, en una prisión del siglo XVIII había una extraordinaria mezcla de libertad y brutalidad, que se reflejaba en el humor patibulario de las novelas y poemas. Al llegar a la cárcel, al preso se le obligaba a pagar su estancia, y si no aportaba dinero se le despojaba de su abrigo; a esto se le llamaba «embargar». Las cárceles estaban sucias, y si le caías mal al alcaide, podías acabar aherrojado, torturado, azotado o recluido en el basurero. Pero además, en contraste con estos desagradables aspectos, estaba el hecho de que había capilla y sala de billar; en el patio se podía jugar a los bolos, al mississippi (un juego parecido a la bagatela), al fútbol o al tenis. Los lunes por la noche había un club del vino, y los jueves por la noche un club de la cerveza. En 1774, cuando la población reclusa era de 213 presos, hubo problemas de masificación porque los prisioneros estaban acompañados por sus esposas e hijos.

En *Barnaby Rudge,* Dickens nos recuerda vívidamente el dramático momento en que los disturbios contra el papismo de 1780, orquestados por lord George Gordon, se cebaron en las cárceles de Newgate y Fleet. La prisión de Fleet fue incendiada por completo, pero se reconstruyó entre 1781 y 1782, y en la época victoriana era una de las numerosas cárceles para deudores. Ser encerrado en uno de estos lugares era una humillación (véase la vergüenza de Dickens por la estancia de su padre en la prisión de Marshalsea, elocuentemente expresada en *La pequeña Dorrit*), pero, en las primeras décadas del siglo XIX, en ciertos aspectos debía de ser un descanso salirse de la noria capitalista y convertirse en deudor en Fleet. Al pie de Ludgate Hill había una reja para mendigar donde se situaba un preso que pedía dinero a los que pasaban. Estaba adornada con un cartel que decía: «Por favor, recuerden a los pobres deudores. Sin pensión».

En la Edad Media, los delitos que llevaban a los hombres a Fleet eran discrepancias relativamente poco importantes en los contratos, y aunque en el período Tudor hubo allí hombres y mujeres víctimas del fanatismo religioso, perseguidos por ser católicos o protestantes, en la gran época del comercio se encerraba a la gente en la prisión de Fleet por deudas. En una época cuyo guía era Adam Smith, la peor herejía que uno podía cometer no era contra Dios, sino contra Mammón.

Al final, la cárcel de Fleet fue clausurada, y en la época victoriana la vida del río Fleet reflejaba las preocupaciones de un período lleno de recursos: el deseo victoriano de mejorar, expandirse, reformar, purificar. El destino del río Fleet era ser incorporado a una de las más ingeniosas proezas de la ingeniería victoriana: las alcantarillas de Londres. Desde que el doctor John Snow demostró sin lugar a dudas, en 1854, que la epidemia de cólera se transmitió por el agua, quedó claro que había que tomar medidas urgentes. Tardaron lo suyo. La Junta Metropolitana de Obras Públicas se fundó en 1855, con Joseph Bazalgette como ingeniero jefe; este diseñó un sistema de alcantarillas que abarcaba toda la capital.

Aun así, dicho sistema no se construyó hasta que, a partir de 1858, la «gran pestilencia» del Támesis se hizo tan insoportable que cuando el Parlamento se reunía en Westminster había que tapar las ventanas que daban al río con cortinas empapadas en cloruro de calcio para que los parlamentarios pudieran respirar. La red de alcantarillas de Bazalgette era totalmente nueva, pero incorporó y acabó por ocultar las aguas del Fleet, que habían sido contempladas por los legionarios romanos y por los primeros misioneros cristianos, por cruzados y monjas medievales, por comerciantes de la época Tudor y por los hombres de negocios de la City del siglo XVIII.

El Fleet no desapareció sin oponer resistencia. En 1846, cuando todavía era una alcantarilla abierta que transportaba su maloliente carga desde el norte de Londres hasta el Támesis, se desbordó e inundó los sótanos del lado oeste de Farrington Street. En las partes bajas de Clerkenwell, muebles, ganado y tres asilos de caridad fueron barridos por el hediondo remolino y arrastrados en un torrente de inmundicias. Cuando el ferrocarril llegó a Clerkenwell, el río se vengó. La construcción del ferrocarril subterráneo (London Underground) alborotó las aguas viejas. (El Tyburn está canalizado a través de la línea en Baker Street, y el Westbourne en la estación de Sloane Square). En 1862, el Fleet socavó la tierra en Clerkenwell y entró en tromba en la línea férrea, «llenando el túnel de aguas fecales hasta una gran distancia».

Sin embargo, muchos oficinistas que ahora toman el metro o salen de él en la estación de Farringdon ignoran la existencia del Fleet y no saben que sigue vivo, todavía provocando humedades en los sótanos de los edificios de Farringdon Road.

La historia de Londres, como sus ríos perdidos, es una corriente oculta bajo la superficie de sus actuales calles, vías férreas, oficinas, tiendas, apartamentos y casas. Es típico de las historias de Londres insistir en la continuidad entre el pasado y el presente. La sensación de que los espíritus de Londres siguen frecuentando las piedras mismas de la ciudad es la base de muchas de las brillantes evocaciones que Peter Ackroyd hace del pasado de Londres, en novelas como *La sombra de Hawksmoor* y *Dr. Dee*.

Sin embargo, aunque habría que ser muy insensible para no darse cuenta, al recorrer la capital, de la rica antigüedad de Londres, sin duda es posible creer que en los últimos tiempos hemos entrado en una fase completamente nueva. La historia está ahí, oculta como los ríos perdidos, pero a todos los efectos ha sido borrada por lo que Londres se ha hecho a sí mismo en el último medio siglo.

Hasta hace cincuenta años, la riqueza de Londres se derivaba de dos fuentes principales: la industria de fabricación y las grandes instituciones financieras de la City, la ciudad de Londres propiamente dicha: la Bolsa de valores, los bancos privados y las compañías de seguros y de comercio de la City. En la actualidad, la riqueza generada por la industria de fabricación de Londres, que era verdaderamente espléndida, prácticamente se ha extinguido sin esperanzas de resurrección. Durante el mismo período, la City, con C mayúscula, ha cambiado por completo. Después del «big bang» de 1986 y la desregulación de la Bolsa, la situación geográfica de los parquets y de las oficinas de los corredores ha sido ya cuestión de conveniencia, no de necesidad. La llegada de los ordenadores hizo innecesaria la existencia misma de una Bolsa de valores física. En cuanto a los grandes bancos y las compañías de seguros que antes pertenecían, total o casi totalmente, a familias británicas, han sido vendidas o absorbidas por grandes corporaciones de Alemania o Estados Unidos. La City de Londres, que fue un bastión de la independencia fiscal y económica británica, es ahora, a todos los efectos, propiedad del capital extranjero. A pesar de toda la pompa y boato de la City, de la procesión anual del alcalde en su carroza dorada, de las esotéricas ceremonias de la casa consistorial y de las empresas de la City, esta sobrevive exclusivamente porque su supervivencia conviene a sus controladores no británicos.

La principal «industria» del resto de Londres es el turismo. Millones de personas con cámaras colgadas al cuello acuden en masa cada año a la Torre de Londres, a la catedral de San Pablo y a la abadía de Westminster, gastando millones de libras en los numerosos hoteles y restaurantes que han surgido para atender sus necesidades. Es cuestión de opinión si estos turistas vienen a ver el pasado de Londres o visitan Londres por otras razones. Sea como fuere, ahora que Londres se ha convertido en un gran centro turístico, este mismo hecho ha destruido en gran medida su carácter histórico. La Torre, por ejemplo, ya no es una verdadera fortaleza. Su función es la de atracción turística. Los turistas hacen que sus verdaderas historia y función parezcan tan espurias como Disney World.

Mientras tenían lugar estos enormes cambios en el clima y la composición económicos de Londres, ocurrieron además otros dos grandes cambios. El primero, iniciado por la Luftwaffe de Hitler y continuado alegremente por dos generaciones de arquitectos modernos, fue la destrucción y reconstrucción del viejo Londres. La mayoría de los nuevos edificios que se han erigido, en comparación con la magnificencia de Manhattan o Chicago, son espantosamemnte vulgares. Apenas queda un rincón de la capital británica donde no se haya construido alguno de estos edificios impersonales pero a la vez discordantes. La milla cuadrada de la City ha quedado prácticamente borrada por ellos. Si se mira Londres desde Hampstead Heath, como hemos hecho al principio de este capítulo, veremos abrirse a nuestros pies un amplio despliegue de edificios innecesariamente horribles: hospitales, colegios, calles, bloques de apartamentos por todas partes, desde la isla de Dogs hasta Chiswick, desde Hampstead hasta Sydenham, todos mal ejecutados, mal diseñados y muy feos.

Entre los que habitan en este lugar, algunos tienen pasaporte británico, pero cada vez son menos. En los diez últimos años, Londres ha sido testigo del fenómeno de los «solicitantes de asilo» a una escala inigualada en ninguna otra ciudad del mundo. Cientos de miles de londinenses son ahora visitantes que han llegado sin ser llamados desde Europa del Este y otras partes. Su llegada ha coincidido con un colosal aumento de la delincuencia y con el casi total desmantelamiento de recursos como las viviendas de propiedad municipal, los hospitales y los colegios. En el último medio siglo ha habido también una enorme inmigración legal a Londres de personas con pasaporte británico procedentes de las Antillas, Paquistán, India, Bangladesh, África y Extremo Oriente.

A los filósofos les gusta debatir sobre si un hacha con tres nuevos mangos y siete nuevas cabezas es la misma hacha. Algunos de los que repasan la historia de Londres llegarán a la conclusión de que, misteriosamente, el espíritu de Londres –el Londres de William Blake o el de Peter Ackroyd, podríamos decir– sigue vivo, a pesar de los tremendos cambios que hemos descrito, en la economía, la estructura arquitectónica y la demografía. Otros podrán pensar que el Londres de los viejos tiempos ha muerto –o como mínimo, ha quedado enterrado–, siendo sustituido por un conglomerado confuso, superpoblado y multinacional que tiene el mismo nombre pero nada en común con el Londres de Nicholas Hawksmoor, Charles Dickens o Marie Lloyd.

2

¿Nueva Troya o Londres romano?

Uno de los favoritos del rey Ricardo II procesados por el Merciless Parliament de 1388 fue un ex alcalde de Londres, sir Nicholas Brembre (o Bramber). El tío del rey, Gloucester, estaba empeñado en demostrar que Brembre, viejo enemigo suyo, había hecho algo merecedor de la pena de muerte, y le acusó de conducta tiránica durante su alcaldía y de comportamiento amenazante durante las elecciones. Según Gloucester, había llenado la casa consistorial de hombres armados para impedir que sus rivales en la corporación acudieran a votar al grito de guerra «¡Tuwez, tuwez!». Ninguna de estas acusaciones se pudo sostener. Brembre se había ganado enemigos mientras fue alcalde, como los concejales a los que expulsó del ayuntamiento, pero también había hecho amigos entre los que él nombró para ocupar cargos (como el interventor del puerto de Londres, Geoffrey Chaucer) y era amigo del rey, que durante la alcaldía de Brembre había recibido un préstamo de cuatro mil marcos que necesitaba mucho.[1]

Brembre, un tendero que se había enriquecido enormemente gracias a su amistad con el rey, adquiriendo propiedades en Mereworth, Maplescomb y West Peckham (Kent), estaba orgulloso de su título de caballero y en su proceso solicitó ser juzgado en combate. Los lores rechazaron la petición, pero cuando todos se reunieron en Westminster Hall para el juicio, el 17 de febrero de 1388, insistieron en que recibiera un juicio justo. El propio rey pronunció un alegato en su favor que enfureció a los acusadores. (Once años después, en esta misma sala, Ricardo II se autodepuso con un conmovedor discurso; Shakespeare inmortalizó el momento.) En esta ocasión, su intervención no le sirvió de nada a su favorito. Brembre fue recluido de nuevo en la Torre de Londres, desde donde un oficial de justicia debía conducirlo fuera de la citada Ciudad de Londres: «Lui treyner parmye la dite cité de Loundres, et avant tan q'as ditz Fourches [Tyburn], et illeoqs lui prendre par le cool». (A finales del siglo XIV, los abogados, el rey y sus cortesanos discutían sus asuntos en francés.)[2]

Brembre fue uno de los muchos londinenses cuyo último viaje fue bajar por lo que ahora es Oxford Street hasta Tyburn para ser colgados por el cuello. En la actualidad, cuando viajamos en el piso alto de un autobús desde Selfridges hasta Marble Arch, a veces podemos reflexionar sobre los que hicieron el mismo recorrido en un carro, increpados o aclamados por la multitud, para sufrir la misma triste suerte. Como casi todos ellos, Brembre es ahora un personaje olvidado.

Un detalle de su juicio atrae nuestra atención: entre los testigos aportados por Gloucester para presentar quejas a cual más extravagante contra el tendero elevado a caballero, uno declaró que Brembre se había referido a Londres como «la nueva Troya». Aún ahora sigue sin entenderse por qué aquello parecía tan grave. Puede que el testigo recordara que la vieja Troya había acabado en llamas y la comparación le pareciera sediciosa.

Desde luego, Brembre no inventó la idea de Londres como nueva Troya. Geoffrey de Monmouth, en su *Histo-*

ria de los reyes de Britania, cuenta la historia de un guerrero troyano llamado Bruto al que la diosa Diana le dice que, «más allá de la puesta del sol, pasado el reino de la Galia, hay una isla en el mar que en otro tiempo estuvo habitada por gigantes. Ahora está vacía y esperando a tu gente. Con los años demostrará ser una morada adecuada para ti y tu pueblo; y para vuestros descendientes será una segunda Troya. Una raza de reyes nacerá allí de tu linaje, y todo el círculo redondo de la Tierra estará sometido a ellos».[3] Geoffrey de Monmouth (fallecido en 1155) era celta y le entusiasmaba la idea de que Londres debiera su origen a un héroe legendario llamado Bruto o Brut, fundador de la epónima Brut… o Britain (Gran Bretaña).

Los cronistas modernos, guiados por los arqueólogos y por el historiador romano Dión Casio, han atribuido el origen de Londres a los romanos. Julio César pasó por allí durante su invasión de 54 a.C., y es muy posible que viera galos establecidos a orillas del Támesis en cabañas de cañizo y barro, pero fue la invasión de 43 d.C. la que confirmó la llegada de los romanos de modo permanente. Londres fue ocupado, o fundado, por Aulo Plautio, el primer gobernador de Gran Bretaña, que se dice que facilitó que su emperador, Claudio, cruzara el río por un sitio no determinado. (El primer puente romano sobre el río estuvo en las zonas de Southwark o la City, pero casi todos los expertos parecen creer que Claudio cruzó más arriba, cerca de Westminster.)

Quedan abundantes vestigios del Londres romano. La muralla de la ciudad, contruida con piedra de Kent, todavía se puede ver en Tower Hill, en el patio de la iglesia de Saint Alphage y en London Wall. No queda nada de la gran basílica ni del foro, construido sobre un terreno de tres hectáreas, el más grande al norte de los Alpes. Pero en 1954, en las orillas ya secas del Walbrook, otro de los ríos perdidos de Londres, se encontraron los restos de un templo de Mitra, con numerosos objetos: cabezas de Mitra el matador de toros, de Serapis y de Minerva, un grupo de Baco y acompañantes, un frasco de plata, un incensario, un relieve de Mitra matando al toro. En el extremo norte de Lower Thames Street se descubrieron unos baños romanos, y hay pavimentos de mosaico bajo muchos edificios de la City, entre ellos el número 11 de Ironmonger Lane y el Banco de Inglaterra.

La formidable reina guerrera británica Boudicca o Boadicea pudo matar a muchos legionarios y librar su última y feroz batalla en Londres en el año 60 d.C., pero estaba luchando contra lo inevitable. En tiempos romanos, Gran Bretaña era en todos los aspectos «parte de Europa», como se suele decir hoy día. En el Museo Municipal hay una lápida de tumba con un relieve de un hombre vestido con toga. Tácito nos dice que estas señales de romanidad eran utilizadas en todas las ciudades romano-británicas. La vida era claramente civilizada, a juzgar por el bello jarrón samio de finales del siglo II descubierto en Southwark, o por el vaso romano decorado con un ciervo saltando que fue desenterrado en Jewry Street.

En sus días de gloria, es probable que el Londres romano tuviera veinticinco mil habitantes, y debía de ser la quinta mayor ciudad de las provincias del norte. Como ciudad, Londres era básicamente un producto de las necesidades y habilidades romanas. Necesitaban llevar sus barcos tan adentro del estuario como fuera posible y desembarcar hombres y mercancías en un punto desde donde pudieran distribuirse al resto del país. A lo largo de tres kilómetros de la playa norte, desde donde ahora está la Torre de Londres hasta el puente de Waterloo, había una sólida plataforma de grava, ideal para sus propósitos. Pero la utilidad de Londres no fue apreciada por pueblos más primitivos, que no podían construir fortificaciones o carreteras comparables a las de los romanos. Para las tribus primitivas de Gran Bretaña, la cuenca de Londres, que se extendía en forma de plato desde los Chilterns a los Downs del Norte, no solo era vulnerable a los ataques, sino también excesivamente boscosa y arcillosa (y, por lo tanto, difícil de cultivar).

Cuando las últimas legiones desaparecieron en 410, Londres empezó a derrumbarse. En 601, cuando san Agustín llegó con una modalidad diferente de conquista romana para bautizar a los colonos germanos, debió de encontrar la ciudad romana en ruinas. Los sajones no hacían ladrillos, y sus casas y la mayoría de sus iglesias debían ser de zarzo y barro. Aunque hubo un pequeño resurgimiento en las épocas de Alfredo el Grande y del rey danés Cnut, lo cierto es que hasta la conquista normanda no se puede decir que Londres reanudara una historia digna de tal nombre.

3

El Londres normando

El turista que llega a Londres quiere ver la Torre de Londres y la abadía de Westminster. Las dos fueron creaciones de los normandos, aunque la actual iglesia de la abadía data del reinado de Enrique III y se comenzó a construir en 1245. Antes de que Guillermo el Conquistador entrara en Londres, Eduardo el Confesor (1042-1066) había fundado el monasterio benedictino en la isla de Thorns (Thorney). Eduardo era inglés por parte de padre y normando-francés por parte de madre, y desde el punto de vista cultural la Conquista comenzó durante su reinado y con la fundación de esta abadía. Muchos de los monjes eran franceses. Escribían en francés. Sus sellos eran franceses. Cuando Guillermo conquistó Inglaterra el año en que murió Eduardo, continuó la gran obra constructora de su primo, el santo Confesor, y en la iglesia de la abadía se encuentra el sepulcro de Eduardo.

Tuvo una enorme trascendencia el hecho de que el duque Guillermo de Normandía, el Conquistador, eligiera Westminster para ser coronado rey de Inglaterra. Esta gran iglesia monástica ha sido testigo de la coronación de todos los reyes y reinas de Inglaterra, con excepción de dos Eduardos (el Quinto, que fue asesinado en la Torre siendo niño, y el Octavo, que abdicó).

El Trono de la Coronación data de la época de Eduardo I. Habiendo conquistado Escocia, diseñó un asiento que debía instalarse en la Casa de Dios de Westminster y que contendría la piedra sagrada. Esta era una reliquia de gran importancia para los derrotados escoceses; algunos decían que era la almohada en la que san Columba había apoyado su cabeza. Se trasladó al sur con gran solemnidad. Los nacionalistas escoceses se han resentido desde entonces de su pérdida, ya que se consideró un símbolo del hecho expresado en la leyenda en verso de sir William Wallace: «Quien sobre esta piedra esté, señor de Escocia ha de ser». Pero el trono y la piedra se diseñaron para formar una unidad. La antigua piedra sobre la que se había coronado a los reyes de Escocia desde tiempo inmemorial ahora debía estar contenida, como en un relicario (eso es la silla sagrada), junto al sepulcro de san Eduardo el Confesor. Se instaló en una posición elevada, dominando la abadía como el trono de un obispo, simbolizando la conexión, desde el mismo principio, entre los pueblos de las Islas Británicas, unidos bajo Dios y bajo la corona de Westminster.

Cuando se estaba inaugurando la restaurada Asamblea Escocesa en 1999, el primer ministro John Major, un iconoclasta moderno comparable a los vándalos puritanos que atacaron la abadía durante el reinado de Carlos I, desmontó la piedra y, sin ceremonia, la envió de regreso a Escocia, no para ser instalada en una posición de honor sagrado, sino solo para exhibirla. El simbolismo de setecientos años se destruyó insensatamente en una tarde.

La abadía de Westminster, aunque sigue siendo magnífica por ser no solo una de las más bellas iglesias góticas de la cristiandad sino también nuestro Valhalla nacional, con sus numerosas tumbas de héroes, estadistas, poetas, músicos, había perdido algo irreemplazable. Había dejado de ser un santuario para convertirse en una atracción turística. El tapiz de Bayeux, esa historia tejida que describe la conquista normanda, muestra un cometa en el cielo sobre la abadía, considerando la abadía como un símbolo de la nueva era que se iniciaba para Londres y para Inglaterra. En el tapiz, encima de la abadía del Confesor hay un hombre que agarra con una mano su veleta y apoya la otra en el tejado del palacio de Westminster.

Desde el principio de la administración normanda, la sede del gobierno estuvo en Westminster, que en aquellos tiempos era más o menos una isla conectada a tierra firme por un estrecho istmo en el punto en donde ahora confluyen Birdcage Walk y Great George Street.

El palacio de Westminster se llama así porque era aquí donde vivían los reyes. En este palacio reunían a sus parlamentos de lores espirituales (los obispos) y temporales. Westminster Hall se rediseñó por completo durante el reinado de Ricardo II, pero el gran edificio medieval que vemos hoy, y que ha servido de capilla ardiente de sir Winston Churchill y de reyes y reinas, además de escenario de numerosos acontecimientos históricos, como el juicio de Carlos I, está construido sobre el emplazamiento de su predecesor. El primer Westminster Hall, de 1097-1099, era una estructura rústica construida con piedra de Caen. La distintiva piedra blanca normanda iba a imponer el color característico de los grandes edificios públicos de Londres, aunque desde el siglo XVII hasta el XX casi todos los grandes edificios se construyeron con piedra de Portland.

Pero sí que se empleó piedra de Caen para construir el otro famoso monumento de Londres que todo turista desea ver: la Torre. Si Westminster, la capital normanda, nos dice que Londres fue desde entonces la sede del gobierno, la Torre nos recuerda la importancia estratégica de la ciudad. Desde que los romanos se marcharon, no había habido nadie con la habilidad necesaria para construir un puerto verdaderamente útil en la cuenca del río, ni para protegerlo desde la estratégica posición de lo que ahora es Tower Hill. Pero eso fue lo que hicieron los normandos, con uno de sus castillos más magníficos.

La Torre era una fortaleza cuya torre del homenaje era la Torre Blanca, con sus muros de piedra de Caen de cuatro metros y medio de grosor. Su gran complejo de edificios, su foso y su fachada que da al río son en sí mismos la más elocuente historia de Londres que se pueda concebir. Este lugar, además de ser una fortaleza para defender el puerto, ha sido también palacio real, tesorería (todavía se guardan allí las joyas de la Corona) y, en tiempos antiguos, Real Casa de la Moneda.

Si vamos a explorar el Londres medieval con la intención de descubrir su esencia y su historia, debemos mencionar brevemente otros dos extraordinarios supervivientes (en un caso, solo a medias).

En Smithfield, cerca del gran mercado de carne y de la Feria Textil, está la iglesia-abadía de San Bartolomé, un glorioso ejemplo de recio románico cuya nave rivaliza con las de las catedrales de Durham o de Peterborough. Junto a esta iglesia está el hospital de San Bartolomé, fundado por el mismo monje que construyó la abadía, el agustino Canon Rahere. Desde 1123, este hospital fue lugar de curación de enfermos. El mismo gobierno supuestamente conservador que arrancó la Piedra del Destino de su relicario en la abadía de Westminster propuso también el cierre del hospital de San Bartolomé, pero afortunadamente esta sentencia de muerte fue revocada.

El otro gran edificio medieval que debemos considerar aquí es la iglesia del Temple. Los caballeros templarios vestían túnicas blancas adornadas con cruces rojas, que indicaban que no estaban sometidos a ninguna jurisdicción excepto a la del Papa. Su tarea consistía en proteger a los peregrinos que se dirigían a Tierra Santa. Su primera iglesia en Londres se construyó en 1162, y esta data de 1185. La Iglesia Redonda se construyó a imitación del Santo Sepulcro de Jerusalén. La iglesia resultó dañada por los bombardeos alemanes en la Segunda Guerra Mundial, pero afortunadamente se conserva una buena parte. Es un lugar con una atmósfera extraordinariamente intensa, que nos habla del pasado semiolvidado de Inglaterra.

El Temple, como se denominaba toda la zona, dejó de pertenecer a los templarios, y en el siglo XIV los caballeros hospitalarios se lo arrendaron a sus abogados. Desde entonces han estado ahí dos de los Inns of Court, el Middle Temple y el Inner Temple (Temple medio y Temple interior). No muy lejos están los otros Inns of Court que han sobrevivido, el Gray's Inn y el Lincoln's Inn. Los Inns no son posadas o pubs como su nombre parece indicar, sino colegios de abogados, lugares donde se estudia derecho y donde los abogados se reúnen para discutir las leyes y su aplicación.

Vemos, pues, que desde los tiempos medievales Londres ha tenido la sede del gobierno en Westminster. Ha sido un gran puerto comercial, protegido por la Torre. Ha sido un gran centro de medicina y de la otra gran profesión, el derecho.

4

El Londres de Chaucer

La canción infantil sobre el Puente de Londres que se derrumba es un extraño fragmento de recuerdo popular de un antiguo poema noruego que se remonta al reinado de Cnut: «London Bridge is broken down, / Gold is won and bright renown».* El Puente de Londres, construido en piedra en 1176, no tenía por costumbre derrumbarse con tanta frecuencia como se decía en *My Fair Lady*. De hecho, su maciza estructura sobrevivió hasta que fue demolido durante el reinado de Guillermo IV. Lo derribaron porque era demasiado estrecho para el volumen de tráfico que pasaba por él, y estaba demasiado lleno de arcos bajos. Hasta el siglo XVIII fue el único puente que había más abajo de Kingston, y era un lugar de comercio, reunión y residencia, como un enorme Rialto. Se construyeron casas en él. Estaba adornado con cabezas de traidores y criminales (quemadas y sumergidas en alquitrán para conservarlas). En el centro del puente había una capilla dedicada a la memoria de Thomas Becket.

Precisamente para rendir culto en el sepulcro de Becket en Canterbury se reunieron los peregrinos de Chaucer:

* «El Puente de Londres ha sido destruido, / se ha ganado oro y gran renombre.» (*N. del T.*)

En Southwerk me alojo en el Tabardo,
listo para proseguir mi peregrinación
a Caunterbury con todo mi ánimo de devoto.

El tabardo es una chaquetilla corta, abierta por los lados, que los caballeros llevaban encima de la armadura, engalanada con su escudo de armas. También lo llevaban los heraldos, en su caso adornada con el escudo real. Es un buen nombre para una posada en una ciudad donde tenían lugar tantas pompas y ceremonias.

Southwark empezó a prosperar después de construirse el Puente de Londres. Su magnífica iglesia de Santa María Overie, del siglo XIII (que se convirtió en procatedral en 1897 y en catedral de Southwark en 1905), es la primera iglesia gótica de Londres y la más hermosa. Toda la región era propiedad de los obispos de Winchester. La palabra *clink*, con la que se designa coloquialmente una prisión, se aplicó por primera vez a la cárcel privada del obispo de Winchester, situada no muy lejos de Santa María Overie, y todavía se conserva un fragmento de rosetón del salón de banquetes del palacio del obispo.

Geoffrey Chaucer (que murió en 1400, aproximadamente a los sesenta años) fue uno de esos grandísimos artistas que vivieron en el núcleo mismo de la vida pública pero permanecieron distanciados y en muchos aspectos rodeados de misterio. Sabemos qué aspecto tenía porque se conserva un retrato. Su joven y nervioso colega Hoccleve nos ha dejado una inolvidable imagen de Chaucer trabajando, no como poeta sino en una oficina. Conocemos más datos de su vida que de la de Shakespeare. Sin embargo, sigue manteniendo su risueño misterio. En los *Cuentos de Canterbury*, el posadero le reprende por su timidez, por mirar al suelo cuando habla y por su falta de talento como poeta: «Tus forzadas rimas no valen una mierda».

Aquel hombre irónico y divertido era paje del duque Lionel de Clarence (tercer hijo de Eduardo III). Viajó mucho por Francia e Italia. Participó en los dos grandes escenarios de la vida de Londres: la corte de Westminster y la City con su comercio y sus mercaderes. Como supervisor de obras entre 1389 y 1391, Chaucer ayudó a supervisar la reconstrucción de Westminster Hall, con su soberbio tejado de vigas de doble forjado, a cargo del arquitecto de Ricardo II, Henry Yevele. Como interventor de aduanas de 1374 a 1385, vivió en unas habitaciones situadas encima de la puerta de Aldgate y debió de ser testigo de todas las entradas y salidas del puerto, de todas las tensiones y rivalidades entre las diferentes facciones de la City, y entre la City y la corte. Tuvo que ver uno de los levantamientos populares más dramáticos que Londres ha conocido, la revuelta de los campesinos de 1381, cuando un cura errante llamado John Ball predicó ante una enorme multitud en Blackheath y planteó la subversiva pregunta:

Cuando Adán porfiaba y Eva tentaba,
¿quién era entonces caballero?

Los campesinos de Kent fueron recibidos en Blackheath por el rey, que tenía catorce años, y la muchedumbre de Essex se congregó cerca de las ventanas de Chaucer en Aldgate. La multitud de Londres unió fuerzas con su líder de Kent, Wat Tyler, que exigió la abolición de la nobleza, mientras Jack Straw, otro de los cabecillas rebeldes, dirigía un ataque contra la casa del tesorero en Highbury. El jovencísimo rey era muy valiente y mantuvo una discusión con Tyler en Smithfield, ofreciéndole el grado de capitán y la abolición de la aristocracia, pero, por supuesto, era un ardid y el levantamiento fue aplastado al poco tiempo.

Sin embargo, la pregunta planteada por el sacerdote rebelde, que era caballero, tuvo una fuerte resonancia en la generación de Chaucer. Porque aquel poeta cortesano, paje y amigo de monarcas, no era hijo de un aristócrata (aunque su nieta Alice llegó a ser una de las mujeres más ricas y poderosas de Inglaterra, como duquesa de Suffolk).

El padre de Chaucer, John Chaucer, descrito como «ciudadano de Londres», era vinatero.[1] Su casa estaba en Thames Street, junto a Walbrook, al pie o casi de Dowgate Hill. Las principales fuentes de riqueza de Londres en la Edad Media eran el comercio de telas, tanto de lana como de seda, y el de vino. La lana y la seda se transportaban por el río desde todas las zonas del país y se exportaban como tejidos.

Casi todas las empresas gremiales de la City, que han sobrevivido hasta hoy con sus edificios, tuvieron su origen en la Edad Media, y sus nombres reflejan la gama de oficios y profesiones que se ejercían más habitualmente y con más provecho en la City. El gremio de vinateros, por ejemplo, obtuvo en 1364 un estatuto que le concedía el monopolio del comercio con Gascuña. El de sastres comerciales se remonta a 1327, el de comercio de telas de seda a 1347, el de pañeros a 1364. También son medievales los gremios de peltreros, plomeros, peleteros, cereros, talabarteros y tintoreros.

Muchos gremios profesionales estaban establecidos ya en los siglos XII o XIII. Los miembros de estos gremios podían vestir uniformes distintivos y se les garantizaban las libertades de la City. Entre ellos se elegía a los concejales, que a su vez elegían al alcalde. El primer alcalde, Henry Fitzailwin, un rico comerciante, se mantuvo en su cargo veinte años, desde 1192 hasta 1212. El rey Juan se vio obligado a conceder la independencia a la City, otorgándole su estatuto en 1215. El hijo de Juan, Enrique III, intentó eliminar los privilegios que la City había ido reclamando, y Eduardo I los abolió casi todos. Durante trece años, entre 1284 y 1297, gobernó directamente la ciudad, nombrando él a las autoridades. Pero fue la última vez que esto ocurrió, y por una razón muy simple: cada vez que un rey necesitaba dinero, tenía que acudir a la City con el sombrero en la mano para pedir préstamos o donaciones. Ya hemos comentado hasta qué punto Ricardo II estaba en deuda con el alcalde tendero sir Nicholas Brembre.

Llegado el siglo XV, los alcaldes se hacían llamar «lord mayor», y el ayuntamiento era un edificio espléndido. Su gran biblioteca se reunió con el dinero legado por el más famoso de los alcaldes de Londres, Richard Whittington. Uno de los aspectos más estabilizadores de la vida inglesa reside en que, mientras las clases comerciantes de otros países aspiraban a ascender a la alta burguesía y la aristocracia, a las clases terratenientes de Inglaterra, casi siempre pobres, nada les gustaba más que establecer conexiones con el comercio y el dinero. El esnobismo hacia los que se dedicaban «al comercio» era un absurdo victoriano, y no habría sido comprendido por Chaucer ni por Whittington. Whittington procedía de una familia acomodada de Gloucestershire que le enseñó el oficio de comerciante de seda. Fue alcalde cuatro veces y ganó una fortuna que, como no estaba casado, legó a la ciudad que le había proporcionado prosperidad.

No está claro cómo este serio y algo aburrido personaje se convirtió en el Dick Whittington de los espectáculos de títeres, libros populares y, por último, pantomimas navideñas. Hay relatos similares rusos, escandinavos e incluso budistas. Dick Whittington, un niño huérfano, llega a Londres para trabajar como mozo de cocina de Hugh Fitzwarren, ayudado por Alice, la amable hija de Fitzwarren, y por su inteligente gato. Harto de los malos tratos de su señora, se escapa de Leadenhall Street, pero al llegar a Holloway oye el alegre repique de las campanas de Bow, que parecen decir «Vuelve, Whittington, alcalde de Londres».

Parece que la leyenda tomó forma escrita por primera vez durante el reinado de Jacobo I. En 1605 se concedió una licencia para la publicación de una balada titulada «La virtuosa vida y memorable muerte de sir Richard Whittington, comerciante de seda que llegó a alcalde». Hay una referencia a ella en la obra de Beaumont y Fletcher *El caballero del almirez ardiente* (publicada en 1613). En cierto sentido, la historia es una leyenda perenne de Londres. Entre todos los atractivos que la ciudad ha ofrecido a los forasteros a lo largo de los años –anonimato, gratificación sexual, emociones, huida de la monotonía o, simplemente, oportunidades de trabajo–, el más poderoso es la sensación de que la ciudad tiene poderes mágicos y puede hacer ricos a los chicos y chicas pobres y transformar a los que llegan sin ser nadie en personajes ricos y famosos. Los alcaldes actuales de Londres siguen siendo tan serios, sensatos, ricos y dignos de confianza como el auténtico Richard Whittington. Es el Dick de la leyenda el que ha inspirado a los escritores, estrellas de pop, figuras de la televisión, timadores urbanos y políticos arribistas que durante generaciones han visto Londres como un medio de cumplir sus deseos, de *prosperar*.

5

El Londres de los Tudor y los Estuardo

«El Globe Theatre es una fiel reconstrucción de la sala de espectáculos al aire libre diseñada en 1599, donde trabajó Shakespeare y para la que escribió muchas de sus mejores obras –dice la página web del edificio de Sam Wanamaker situado en el lado sur del río Támesis–. En la actualidad, el público de "esta O de madera" se sienta en una galería o se queda de pie, sin más ceremonia, en el patio, como habría hecho el público de general hace cuatrocientos años.»

Solo que, desde luego, no es así como habrían estado. El moderno Globe está conectado a un edificio moderno, con agua caliente, lavabos, bares y cafés donde se venden sándwiches envueltos en celofán, té y café calientes, cerveza embotellada y refrescos. Hay iluminación eléctrica y calefacción. El público del Globe llega en automóvil, en autobús o en metro. Es muy probable que se aseguraran esta velada en este auténtico teatro Tudor reservando sus entradas por Internet con una tarjeta de plástico. La Antigua Experiencia Tudor de Sam Wanamaker es tan auténticamente Tudor como Disney World.

La idea misma de intentar reconstruir el pasado, en este caso al pie de la letra, es ilusoria y, dicho sea de paso, muy moderna. Si pudiéramos volver al Londres de los siglos XVI y XVII, encontraríamos una ciudad construida principalmente con madera, maloliente, azotada por la peste y a punto de reventar por la explosión demográfica.

En 1500 había unos 75.000 londinenses. En 1600 eran unos 200.000, y en 1650 puede que fuesen el doble. Y esto a pesar de que las epidemias eran frecuentes. De hecho, la persistente recurrencia de la peste hace más notable que el final del siglo XVI fuera la época en que comenzó el teatro inglés propiamente dicho. Cada vez que había una epidemia, los teatros cerraban y los actores y empresarios se quedaban sin ingresos.

Por ejemplo, la compañía teatral conocida como The Lord Strange's Men, patrocinada por Ferdinando Stanley. Lord Strange (que después fue conde de Derby) interpretó «harey the vi» (*Enrique VI*) con buena asistencia en el Rose Theatre de Philip Henslove desde el 3 de marzo de 1591-1592. Henslove ganó tres libras en una función, y tres libras, dieciséis chelines y ocho peniques en otra. Era mucho dinero, pero en junio el teatro había cerrado a causa de la peste. Thomas Nashe dijo que habían tenido «diez mil espectadores». Nashe, que posiblemente fue uno de los primeros colaboradores de Shakespeare, junto con Marlowe, Greene y Peele, siempre tenía que buscar algún trabajo no teatral para conseguir ingresos cuando el teatro estaba cerrado, y su poema pornográfico «La elección de tarjetas de San Valentín» es una evocación de la vida en los burdeles de Southwark hacia 1590. Lo curioso es que el único miedo que se transmite en este poema, llamado a veces «El consolador de Nashe», no es el miedo a la peste o a la enfermedad venérea, sino pensar en la impotencia.[1]

Si tenemos en cuenta que todos los habitantes del Londres de los Tudor y los Estuardo creían en el infierno, por lo menos en teoría, resulta fascinante que siguieran incurriendo tan despreocupadamente en toda clase de vicios sexuales. Los *Sonetos* de Shakespeare, otro libro escrito para alejar al lobo de la puerta mientras los teatros estaban cerrados, refleja un mundo bisexual en el que la abstinencia ni siquiera se tenía en cuenta. Cuando escribe sobre el burdel en *Medida por medida*, es evidente que Shakespeare se basa en su propia experiencia, y que no se salía de lo normal. En 1546, Enrique VIII había ordenado el cierre de todas las «mancebías» de Southwark. Fue un acto algo precipitado para venir de un monarca que estaba aquejado de sífilis, y después de su muerte al año siguiente, durante el reinado de su puritano hijo Eduardo VI, los burdeles volvieron a abrirse.[2]

El primer gran historiador de Londres, John Stow, vivió de 1525 –nació en la parroquia de San Michael Cornhill, y era hijo de un sastre– a 1605. Tenía más de sesenta años cuando se publicó la primera edición de su gran libro, en 1598, pero había dedicado toda su vida a su *A Survey of London*.

Stow fue un observador sumamente conservador y pesimista de la vida de Londres. Ya al final de su vida, le contó a un amigo que de joven había hablado con ancianos que recordaban a Ricardo III como un atractivo príncipe.[3] Era un apasionado de los detalles: la belleza de un campanario desaparecido de Clerkenwell, la decoración del antiguo Blackwell Hall... Veía Londres completamente destruido por la superpoblación, el exceso de construcciones y la codicia de los constructores, los hombres de la City y los especuladores. No hay monumento ni registro parroquial que no haya sido inspeccionado por Stow. Está tan orgulloso de sus recuerdos de las zanjas cubiertas de juncos de los alrededores de Moorgate como de los viejos almacenes del Walbrook. Ahora sólo ve timadores «que buscan más su propia ganancia que el bien común de la ciudad».

Stow vivió en un siglo extraordinario. Cuando tenía veintitantos años, entre 1554 y 1558, más de doscientos protestantes fueron quemados vivos por herejes en el mercado de Smithfield, víctimas del fanatismo religioso de María Tudor. A este período le siguió la red de espías de Isabel I, que intentaba identificar a los disidentes católicos, «los tontos de la época», como los llamó Shakespeare, «que morían por la bondad habiendo vivido para el crimen». Para los isabelinos, los católicos, con su disposición a conspirar contra la reina y a utilizar la violencia para lograr sus propósitos, ocupaban más o menos la misma posición que los musulmanes en el mundo moderno. Se los miraba con recelo, pensando que su intransigente postura religiosa era incompatible con la buena ciudadanía. Stow sentía el mismo horror por los sectarios puritanos, que para él socavaban el delicado equilibrio entre Iglesia y Estado que el régimen isabelino mantenía.

Para ser consciente del poder que tienen las ideas para afectar y cambiar a los seres humanos no hay más que seguir la trayectoria vital de otro londinense, hijo de un escribano, que nació tres años después de la muerte de Stow, en Bread Street. John Milton se crió en la misma calle donde estaba la Taberna de la Sirena, uno de los establecimientos favoritos de Ben Jonson y Shakespeare. (Era propiedad del gremio de pescaderos.)

«¡Qué cosas hemos visto hacer en la Sirena!», exclamaba su colega, el dramaturgo Beaumont.

[Hemos] oído palabras que han sido
tan ingeniosas y tan llenas de sutil fuego
como si cada uno, viniera de donde viniera,
hubiera querido poner todo su ingenio en una broma,
y hubiera decidido vivir como un loco
el resto de su aburrida vida.

De joven, Milton –«un pichón de Powles», como se llamaba a los alumnos del Colegio de San Pablo– tuvo que oír las risas embriagadas de aquellos poetas mayores que él que bajaban por la calle mientras él se estropeaba los ojos leyendo hasta altas horas de la noche. Permaneció en Londres toda su vida, y vio el final de la Guerra Civil y de la monarquía.

Para entonces, Milton había sido el más entusiasta y el más elocuente partidario de la revolución inglesa. No firmó la sentencia de muerte del rey, pero trabajó como secretario latino de Oliver Cromwell, un cargo equivalente al de ministro de Asuntos Exteriores, que implicaba escribir cartas a las potencias extranjeras en nombre de la nueva República inglesa y recibir a sus embajadas y delegaciones. El republicanismo inglés fue en gran medida un producto del puritanismo que floreció en la City de Londres, y que tomaba como modelo el de los holandeses.

Carlos I, el más inteligente de todos los monarcas ingleses en cuestiones estéticas, había seguido los modelos de Italia y Francia para rediseñar su Londres. Utilizó los servicios de Inigo Jones (1573-1652), hijo de un pañero de Saint Benet, en Paul's Wharf. El arquitecto, que había estudiado a fondo a Palladio, hizo diseños para mascaradas y obras de Ben Jonson. (Jonson, con muy poca elegancia, se lo agradeció caricaturizando a Jones como «el ebanista de Islington» en *A Take of a Tub.*)

Jones quería hacer a Londres tan bello como París o Venecia. Diseñó Covent Garden en la propiedad del conde de Bedford, con plazas con soportales inspiradas en la Place des Vosges (que en aquel tiempo se llamaba Place Royale). Como supervisor general de obras del rey, construyó la Queen's House de Greenwich y diseñó el grandioso Whitehall. El único edificio de Jones que se conserva en Whitehall es Banqueting House, que se terminó en 1622. El techo está lleno de pinturas de Rubens que el entendido Carlos I instaló en la década de 1630. Poco se imaginaba que Inigo Jones, el gran diseñador de espectáculos y funciones teatrales, había aportado con Banqueting Hall un escenario sin igual para el final más dramático de un drama real.

Tras el juicio en Westminster Hall, el rey fue condenado a muerte, y la ejecución tuvo lugar el 30 de enero de 1649. Se levantó un patíbulo junto a Banqueting House para que no hubiera necesidad de conducir al rey a Tower Hill (el lugar habitual de las ejecuciones públicas) y correr el riesgo de que se produjesen disturbios populares. Casi lo último que el rey debió de ver al atravesar el salón fueron los magníficos techos de Rubens. Salió por la ventana al patíbulo, acompañado por el obispo Juxon. Fue uno de los momentos más extraordinarios de la historia de Inglaterra, silencioso, frío. Ninguno de los que formaban parte de la multitud pudo oír su digno discurso final. Estaba demasiado lejos de ellos. Al arrodillarse, su última palabra fue «Recordad». Una ligera nevada dispersó a la multitud tras la caída del hacha. Un testigo declaró que «entre los miles de personas que lo contemplaban hubo un gemido de dolor (como si fuera POR UNANIMIDAD) como no se había oído nunca».

6

La Restauración

París sigue siendo una ciudad dividida por la revolución de 1789. En todas sus grandes crisis posteriores –en 1848, en 1870, en 1940– las viejas fisuras se abren: la herida sigue sangrando. Londres, que había sido un reducto republicano durante la Revolución inglesa, dio la bienvenida al retorno de una monarquía cuyo poder estaba limitado por el de una oligarquía aristocrática, y por el de la City misma. Carlos II, un monarca sagaz y afable, fue personalmente responsable de que se dejara atrás el pasado revolucionario y se olvidara lo ocurrido. Hubo pocas represalias contra los que habían apoyado la ejecución de su padre, y la famosa crónica de Pepys sobre la ejecución de uno de los regicidas, el general de división Harrison, capta el espíritu del Londres de la época, un Londres decidido a dejar atrás el pasado y concentrarse en los asuntos del presente:

> *3 de octubre de 1660*:
>
> A casa de mi Señor por la mañana, donde me encontré con el capitán Cuttance. Pero como mi Señor no estaba levantado, fui a Charing-Cross a ver cómo ahorcaban, arrastraban y descuartizaban al general de división Harrison –que allí se hizo–, y tenía un aspecto tan animado como puede tenerlo un hombre en semejante situación. Allí lo mataron y enseñaron a la gente su cabeza y su cora-

zón, ante lo cual hubo grandes gritos de alegría. Se dice que dijo que estaba seguro de ponerse a la derecha de Cristo para juzgar a los que ahora le han juzgado. Y que su esposa espera que vuelva.

Así pues, tuve ocasión de ver al rey decapitado en White-hall y de ver la primera sangre derramada en venganza por la sangre del rey en Charing-Cross. Desde allí fui a casa de mi Señor y llevé al capitán Cuttance y al señor Sheply a la Taberna del Sol, donde los invité a ostras. Después de eso volví por el canal a casa, donde me enfadé con mi mujer por dejar cosas tiradas, y en mi pasión le di una patada al bonito cesto que le compré en Holanda y lo rompí, cosa que lamenté después de haberlo hecho. Toda la tarde estuve instalando estantes en mi despacho. Por la noche, a la cama.

Aparte de la dureza sublime del propio Pepys, este pasaje nos da idea del carácter extraordinariamente pacífico de la contrarrevolución. El rey «entró en posesión de nuevo» el 29 de mayo. La primera sangre de sus antiguos enemigos se derramó casi cinco meses después. Compárese esto con la sangre que corrió en las calles parisinas en 1870 o en 1944.

La prosperidad del nuevo orden dependía de un rey que estaba financiado por la City y por una creciente clase capitalista, una burguesía, protegida por un sistema político estable. Londres se encontraba en el centro mismo de este compromiso político. Londres lo suscribió en todos los aspectos: en Westminster en sus parlamentos, en la City por su propia y pujante riqueza. Cuando, tras la muerte de Carlos II, su hermano Jacobo II intentó imprudentemente establecer una forma de monarquía absolutista y católica basada en un modelo continental, no quedó duda acerca de dónde estaba el verdadero poder. La revolución incruenta de 1688-1689 y la sustitución de Jacobo por el dócil protestante Guillermo de Orange y su esposa, María Estuardo, no hicieron más que confirmar lo que había tenido lugar en la Restauración de Carlos II: una nueva forma de monarquía, una nueva forma de gobierno.

En 1666, el Gran Incendio destruyó el Londres medieval, sus casas de madera, sus callejuelas, sus iglesias. La gran catedral gótica de San Pablo, restaurada en la época de Inigo Jones, se había ido deteriorando hasta un grado lamentable en los años intermedios. El doctor Christopher Wren, científico y arquitecto, había informado, dos años antes del incendio, sobre el estado de «ruina» del tejado y la «curvatura de los pilares». El incendio redujo la catedral a un cascarón en ruinas. John Evelyn comentó el 7 de septiembre de 1666:

> Era asombroso ver qué inmensas piedras habían quedado medio calcinadas por el fuego, de modo que todos los monumentos, columnas, frisos, capiteles y resaltes de maciza piedra de Portland habían quedado destruidos hasta el mismo techo, donde una lámina de plomo (que cubría un espacio de no menos de dos hectáreas y media) se había fundido por completo. [...] Así quedó hecha cenizas esta venerabilísima iglesia, una de las más antiguas muestras de devoción del mundo cristiano, junto con casi otras cien.

Las descripciones que hizo Samuel Pepys del incendio son inolvidables: las palomas que salían volando de sus acogedores aleros con las alas chamuscadas, o ardiendo literalmente; personas enfermas sacadas de sus casas en sus camas; los desesperados esfuerzos por salvar las posesiones, con algunas personas amontonando sus pertenencias en las iglesias o lanzándolas al río para librarlas de las llamas; el puente formando un gran arco de fuego; las multitudes presas del pánico corriendo y tirando de carros; el «horrible» y «espantoso» cielo iluminado de noche; los depósitos de aceite y azufre burbujeando y ardiendo; un gato sacado aún con vida de un agujero en la pared de la Bolsa con toda la piel quemada; las ventanas de cristal de las casas e iglesias combándose y fundiéndose. Toda esta destrucción ofreció a los londinenses la oportunidad de reconstruir su ciudad. El fuego había afectado a ciento sesenta hectáreas dentro de las murallas de la City y a veinticinco fuera de ellas. Ochenta y siete iglesias, cuarenta y cuatro sedes gremiales, trece mil doscientas casas, la Real Bolsa y el ayuntamiento habían quedado total o parcialmente destruidos. Sorprendentemente, solo se perdieron nueve vidas humanas.

Resulta adecuado que el Monumento al Incendio, una alta columna rematada por un orbe dorado en llamas, construido en 1671-1677 para conmemorar el Gran Incendio y la reconstrucción de la ciudad posterior, fuera en sí mismo un instrumento científico y contuviera el laboratorio de uno de los grandes científicos de la época.

Robert Hooke (1635-1703), astrónomo, inventor de instrumentos científicos y físico teórico, fue uno de los miembros fundadores de la Royal Society, un grupo de eruditos, casi todos procedentes de Oxford, que se había reunido durante los años de Cromwell para discutir todos los aspectos del conocimiento, la filosofía y la ciencia. Durante el Protectorado tuvieron su cuartel general en el

Wadham College de Oxford, pero después de la Restauración instalaron su sede en Londres y se pusieron bajo la tutela del rey. En noviembre de 1660, Carlos II les concedió su estatuto. La Royal Society aún existe, y es la sociedad científica más antigua del mundo.

Hooker colaboró con Robert Boyle (1627-1691) en su bomba de aire y en sus trabajos teóricos sobre el peso, la elasticidad y la compresibilidad del aire. La ley de Boyle (que dice que, a temperatura constante, la presión de una masa de un gas ideal es inversamente proporcional a su volumen) es solo una de las numerosas revelaciones científicas desveladas al mundo por los miembros fundadores de esta institución con sede en Londres. Todos los grandes científicos e innovadores de esta época eran monárquicos, todos eran religiosos –Boyle era un teólogo entusiasta que sabía hebreo, sirio y caldeo, además de latín y griego– y todos eran miembros devotos de la Iglesia de Inglaterra.

Isaac Newton (1642-1727) fue un activo y dedicado miembro de la Royal Society; viajaba desde Cambridge para asistir a sus reuniones y acabó siendo su presidente. La de Newton no es una historia específicamente londinense, pero vale la pena tomar nota de que aquí, en Londres, estaba un genio de Cambridge entre los hombres más mayores de Oxford. Este era el lugar donde le parecía adecuado compartir con el mundo sus trascendentales y prodigiosos descubrimientos sobre óptica, sobre los fundamentos y principios de las matemáticas, sobre la gravedad, la astronomía y, en último término, sobre la naturaleza misma de la existencia. Newton, con gran diferencia el más grande pensador científico que ha nacido en Gran Bretaña, consideraba natural desplazarse a Londres para compartir y difundir sus conocimientos, y fue en el nuevo Londres, reconstruido tras el incendio, donde pudo encarnarse el nuevo espíritu.

Es en estas cosas en lo que pensamos cuando vemos el Monumento al Incendio, con su laboratorio subterráneo y su observatorio astronómico en lo alto. Hooke y los demás miembros de la Royal Society lo concibieron desde el primer momento como un lugar de experimentación científica, además de ser, con sus sesenta y dos metros de altura, la columna de piedra aislada más alta del mundo.

Su principal arquitecto fue otro científico como Hooke, también miembro de la Royal Society, también anglicano, también hijo de clérigo: Christopher Wren. Un dato muy indicativo de las diferencias entre los dos hombres es que Wren quería que el Monumento estuviera rematado por una estatua de Carlos II, y Hooke se impuso. En su caso, fue el fuego mismo, el elemento misterioso y destructivo, el que proyectó sus llamas de bronce dorado hacia el cielo de Londres. El altísimo coste del Monumento –13.450 libras, 11 chelines y 9 peniques– fue asumido por la Corporación de Londres.

Hasta el día de hoy, la milla cuadrada de la City, la capital financiera de Londres, no alberga ninguna iglesia católica. En su origen, el Monumento llevaba una inscripción que hablaba en latín del incendio y de los daños que había causado. Pero en 1681 se le añadieron las palabras: «pero el frenesí papista que acarreó tales horrores todavía no está sofocado». No hay ninguna evidencia de que el incendio fuera provocado, y menos de que los incendiarios fueran católicos, pero los prejuicios son tan difíciles de sofocar como el fuego. Así como en nuestros tiempos la opinión pública establece una conexión entre el islam y el terrorismo, en el Londres del siglo XVII, con sus recuerdos del 5 de noviembre de 1605, cuando se frustró la conspiración para volar el Parlamento, era fácil identificar a los católicos con la destrucción. La injuriosa inscripción anticatólica del Monumento se retiró en 1831, dos años después de que el Parlamento considerase seguro permitir que los católicos asistieran a la universidad, ejercieran la abogacía o entraran en el Parlamento.

La insularidad de Londres, su paranoia, su poca disposición a absorber elementos extranjeros o ajenos, va de la mano con la idea que tiene de sí mismo como ciudad moderna y nueva. Hay muchas cosas en el Londres moderno que reflejan esta dualidad, esta visión esquizoide de sí mismo: tanto en relación con los inmigrantes como con la cuestión de si Gran Bretaña debe formar «parte de Europa». Alexander Pope, que era católico, aludió a la inscripción del Monumento en estos versos:

Donde la columna de Londres, señalando al cielo,
como un matón de alta estatura, alza la cabeza y miente.

Gran parte de la fuerza de Londres ha sido la fuerza de un matón. Gran parte de su belleza, por lo menos hasta la Segunda Guerra Mundial, fue obra de un hombre: Christopher Wren. Cuando murió en 1723, a los noventa y un años, su sucesor como arquitecto a cargo de la catedral de San Pablo hizo colocar sobre el coro la inscripción: «Si monumentum requiris, circumspice» («Si quieres ver su monumento, mira a tu alrededor»). Pero para ver el monumento completo de Wren no basta con mirar la catedral de San Pablo. Su monumento es todo el Londres reconstruido, las cincuenta y dos iglesias, el Temple Bar reconstruido y ampliado, las treinta y seis sedes gremiales restauradas o reconstruidas, y también los dos grandes hospitales para militares retirados o heridos: el Real Hospital de Chelsea (1689-1692) para soldados y el Real Hospital de Greenwich (1699-1703) para marineros retirados e incapacitados. Además de la abundancia de edificios magníficos y variados, hay que anotar en el haber de Wren su participación como asesor del rey y de la Corporación para la reestructuración general de Londres después del incendio. Se creó una comisión formada por Wren, Hugh May y Robert Pratt, Robert Hooke, Edward Jerman y Peter Mills (el supervisor de la City). La primera Ley de Reconstrucción se aprobó en el Parlamento el 8 de febrero de 1667. Establecía directrices concretas para el diseño de viviendas adecuadas: altura, materiales de construcción, anchura de las calles y alcantarillado. La ley era menos draconiana de lo que habrían deseado Hooke o Wren, pero uno de los rasgos característicos de Londres ha sido siempre su grado de anarquía arquitectónica, el hecho de que nunca se ha sometido a un único plan o planificador general.

En 1670 se promulgó una nueva ley para asegurar que se acataran las normas de construcción y que se compensara adecuadamente a los propietarios que habían perdido su propiedad por el ensanchamiento de las calles o la creación de nuevos mercados. Según la ley de 1667, se concedía a la Corporación de la City el derecho a cobrar impuestos por las importaciones que llegaban al puerto. El carbón, por ejemplo, tenía un impuesto de un chelín por tonelada, que se triplicó en 1670. Los ingresos procedentes de estos impuestos contribuyeron a financiar el espléndido programa de reconstrucción.

Wren es recordado justamente como constructor de iglesias, pero también construyó teatros, y esto dice mucho sobre los cambios acaecidos en Londres con la Restauración. La Roma de Bernini y el París de Le Notre, iban a tener su equivalente inglés, con teatros y salas de ópera de estilo comparable. El Theatre Royal de Drury Lane (1674) fue una de las grandes construcciones de Wren. De hecho, en el Londres de la Restauración se construyeron tantos teatros que incluso en la época de esplendor teatral de Garrick, un siglo después, casi no hizo falta construir nuevos teatros. La generación de Wren lo había hecho por ellos.

Después del período del Protectorado, durante el cual el teatro había estado completamente prohibido, los londinenses acudieron en masa a oír los viejos dramas de Shakespeare, Ben Jonson y sus contemporáneos. Pepys era un caso típico, en su entusiasmo por el teatro. Además de la arquitectura de los nuevos teatros, las escenografías y decorados eran obras de arte sumamente costosas. En uno de los muchos locales llamados Theatre Royal, el de Bridges Street, el actor-empresario Killigrew (cuyas obras se habían seguido representando clandestinamente en tiempos de Cromwell) impresionaba con sus montajes increíblemente complicados. Isaac Fuller tardó seis semanas en pintar los decorados de *Tyrannic Love* de Dryden. La gran inversión se recuperó. En una extraordinaria permanencia de dos semanas en cartel (casi todas las obras solo se representaban uno o dos días), recaudaron en taquilla cien libras al día, cuando lo habitual era hacer recaudaciones de cuarenta o cincuenta. El 5 de febrero de 1664, sir Robert Howard vio *Indian Queen* de Dryden y comentó que estaba «tan embellecida con espléndidas escenas como nunca se había tenido el placer de ver aquí (excepto en raras ocasiones) en un teatro mercenario».

El teatro de la Restauración difería mucho de las viejas tradiciones isabelinas-jacobinas. Para empezar, las mujeres salían al escenario por primera vez en la historia de Inglaterra. La segunda gran diferencia era que los nuevos teatros estaban completamente techados: no había espacio al aire libre para espectadores de pie. El público estaba distribuido según la jerarquía social, con las galerías altas (según el *The country gentleman's vade mecum* de 1699) llenas de sirvientes; en las galerías intermedias se instalaban «las esposas e hijas de los ciudadanos junto con las doncellas, militares, oficiales y aprendices», y el patio estaba reservado para «jueces, entendidos y censores [...], junto a los que se sientan los caballeros, fulleros, galanes, matones y prostitutas, y aquí y allá hay un extravagante asiento para hombre y mujer». La entrada para la galería alta costaba ya un chelín, mucho más cara que el penique que se cobraba por ver la función de pie en el patio del Globe de Shakespeare.

Como era inevitable, los puritanos encontraron muchos aspectos desagradables en el resurgimiento de los teatros, nidos de extravagancia y libertinaje. Muchas de las obras escritas por los nuevos dramaturgos eran escabrosas o absurdas, o ambas cosas. Aunque el segundo conde de Rochester (1648-1680) solo pretendía provocar, expresó en sus canciones, muchas de las cuales se cantaban en los nuevos teatros, todo lo que los puritanos consideraban ofensivo:

Me levanto a las once, como a eso de las dos,
me emborracho antes de las siete, y lo siguiente que hago

es hacer llamar a mi puta, pero por miedo a las purgaciones retozo a su alrededor y vomito en su regazo.

En su retiro de Bunhill Fields, junto a la City Road, el republicano ciego John Milton meditaba sobre la tragedia de Sansón, que, con los ojos arrancados, derribaba los ostentosos pilares del teatro filisteo matando a «señores, damas, capitanes, consejeros y sacerdotes», una escena que parece más bien una descripción del mundillo teatral de Londres en las décadas de 1660-1680 que de la Gaza de la Edad del Bronce.

Sin embargo, aunque Milton consideraba deplorables a los patanes y «cantamañanas» de las calles –«hijos de Belial, llenos de insolencia y de vino»–, es muy probable que a los forasteros que visitaban el Londres de la Restauración y el Londres que se reconstruyó en las décadas posteriores al incendio les impresionara más el comercio y el trabajo duro que se veían por todas partes que la conducta disoluta de unos pocos.

Imagine que va usted, un día de diciembre de 1711, paseando por Temple Bar en el Strand y subiendo Ludgate Hill. Por encima de usted se cierne la cúpula recién terminada de San Pablo, un diseño que tiene toda la magnificencia barroca de una de las más imponentes iglesias romanas, pero que al mismo tiempo está contenida en una escala doméstica. No vale la pena que entremos en la catedral, ya que, de todos los edificios de Wren, es el que tiene el interior más decepcionante. Es mejor que subamos la cuesta que lleva a ella y después miremos a nuestro alrededor, en medio del aire del invierno, y contemplemos las bien proporcionadas calles de ladrillo, con sus frontones de piedra de Portland; observe las casas gremiales, en variedad de estilos, desde el gótico medieval hasta el barroco contemporáneo, pero todas logrando lo que un arquitecto muy posterior llamó «unidad por inclusión». Observe el nuevo ayuntamiento, reconstruido por Wren sobre las ruinas de gran caserón medieval. (En 1789, George Dance añadiría aún más mejoras en el patio, en un gótico juguetón muy personal.)

Contemple la extraordinaria variedad e ingenio de las cincuenta y una iglesias de Wren. La espléndida cúpula artesonada de San Stephen Walbrook cubre un tranquilo interior con columnas, de extraordinaria calma espiritual. La clara luz de las vidrieras de San James Garlickhythe cae sobre un cuadrilátero de columnas independientes, como si el genio matemático de la Royal Society estuviera reflexionando sobre la numerología de los ángeles o el misterio matemático del mismísimo Dios. San Lawrence Jewry, grandiosa y pilastrada, brilla con dorado esplendor cívico, reflejando la riqueza y confianza en sí mismos de los comerciantes de la City que han rezado allí desde su fundación. Y ahí tenemos Santa María Aldermary, una de las sorpresas góticas de Wren, que al principio, cuando entramos en ella, parece una iglesia perpendicular del siglo XV, pero que de algún modo, con sus amplias proporciones, su gran púlpito tallado y su suntuoso pórtico, es claramente una iglesia anglicana del período cumbre del anglicanismo.

No es de extrañar que a un converso al anglicanismo, T. S. Eliot, le gustaran tanto las iglesias de Wren en la City que le hacían pensar en

donde los muros
del Magno Mártir encierran
un inexplicable esplendor de blanco y oro jónicos.

Porque, como el *Common Prayer Book*, que fue revisado y restituido para el uso público en 1662, estas iglesias de Wren (que era hijo de un deán monárquico) reflejan una fe digna pero exuberante en la iglesia nacional. Si alquien quiere saber cuál era el verdadero espíritu del anglicanismo, lo mejor que puede hacer, en lugar de leer un libro, es sentarse en una de estas iglesias, tal vez contemplando uno de los retablos de madera tallada de Gringling Gibbons, con el Padrenuestro y los Diez Mandamientos junto a la Santa Mesa. Son muy parecidas a las iglesias barrocas continentales de la época, y a la vez completamente diferentes. Cada una tiene su propio «sentimiento» característico; sin embargo, todas tienen en común una atmósfera de calma y poderío.

Fuera, en el Londres que Wren había construido, sus campanarios, torres y cúpulas definieron la silueta urbana durante trescientos años y llenaron el aire de Londres con la música de sus campanas.

Jacobo II, que en 1685 sucedió a su hermano Carlos II, era un converso al catolicismo que intentó seguir el camino emprendido por María Tudor ciento treinta años antes y devolver su reino al seno del catolicismo europeo. En el oeste, el hijo ilegítimo de Carlos II, el duque de Monmouth, encabezó una rebelión que fue despiadadamente reprimida. Los juicios contra los seguidores de Monmouth, condenados a muerte por el implacable juez Jeffreys, pasaron a conocerse como las «sesiones sangrientas». Monmouth fue conducido a Londres, y a la edad de treinta y seis años fue decapitado en Tower Hill, el 15 de julio de 1865. Su final no había sido el ejemplo de perfecta piedad anglicana que sus amigos los obispos hubieran deseado. Como hijo de la amante más promiscua de

Carlos II, Lucy Walters, la Torre de Londres no le era desconocida. Cuando tenía siete años, él y su madre habían sido encerrados allí por Oliver Cromwell. Después había visto cómo su madre se convertía en amante de varios hombres antes de dedicarse a la prostitución. Tal vez por eso no resulta muy sorprendente que hasta el final fuera grosero con su legítima esposa, expresando en el patíbulo su amor por su adorada lady Wentworth. «Que Dios acepte tu arrepentimiento –murmuraron los obispos–. Que Dios acepte tu imperfecto arrepentimiento.»

La decapitación misma fue un ejemplo de incompetencia inglesa en su aspecto más terrible. Monmouth le dio al verdugo seis guineas antes de morir: «Aquí tienes seis guineas para ti. No me la cortes como se lo hiciste a lord Russell». Era como si le estuviera dando propina al barbero. «Diré poco –añadió en voz alta, dirigiéndose a la multitud que se había congregado en Tower Hill para ver el espectáculo–. No he venido aquí a hablar, sino a morir. Muero como protestante de la Iglesia de Inglaterra.» A continuación, John Ketch se puso manos a la obra con su hacha. El primer golpe solo hirió a Monmouth, y se levantó del tajo con una expresión de reproche antes de desplomarse. Hubo otro hachazo, y después otro, pero la cabeza no acababa de desprenderse. La multitud estaba ya irritada, y Ketch tiró el hacha, nervioso y enfurecido.

–No puedo hacerlo, me falta valor.

–Levanta el hacha, hombre –dijo el alguacil de la ciudad.

–¡Tiradlo por la barandilla! –gritó la multitud.

Se corría el riesgo de que la multitud se amotinara e hiciera pedazos al verdugo. Dos hachazos más fueron insuficientes para cercenar la cabeza, que, como una chapuza de un aprendiz de carnicero, hubo que acabar de cortar con un cuchillo afilado. Entonces la multitud se lanzó hacia delante para empapar sus pañuelos en la sangre de un mártir protestante.

A continuación, a Jacobo II, que fue tan torpe en su gestión de las relaciones públicas como John Ketch con su hacha, no se le ocurrió nada mejor que involucrarse en un enfrentamiento público con los obispos de la Iglesia. Sus Declaraciones de Indulgencia, que ordenó leer en las iglesias, eran llamadas a la tolerancia entre los cristianos de todas las confesiones, protestantes y católicos. Los obispos de la Iglesia establecida las vieron como un intento nada sutil de destruir su mismísima *raison d'être*. Para ellos, la Iglesia de Inglaterra era precisamente eso: la Iglesia nacional, católica pero reformada, que convertía en irrelevantes a los protestantismos y a los catolicismos rivales. El rey exigió que los obispos firmaran esta declaración, y siete obispos se negaron. Al hacerlo, adquirieron al instante condición de héroes, sobre todo entre la población protestante de Londres. El obispo de Londres, Henry Compton, fue uno de los famosos siete; de hecho, ya había firmado una petición al príncipe Guillermo de Orange para que aceptara el trono de Inglaterra en lugar de Jacobo II. Los otros fueron el arzobispo Sancroft de Canterbury, Turner de Ely, Lake de Chichester, White de Peterborough, el santo obispo Ken de Bath y Wells, y Trelawney de Bristol. Ante su negativa a firmar y la insistencia del rey en que lo hicieran, fueron procesados con sediciosas calumnias y conducidos en barco a la Torre de Londres, con la multitud aclamándolos durante todo el camino. Independientemente de su entusiasmo por los obispos, la población de Londres veía aquello como una clara elección entre la libertad de Inglaterra y la interferencia de Europa, Roma y el despotismo católico al estilo europeo.

«Tenemos dos deberes que cumplir –respondió el obispo Ken cuando el rey le acusó de deslealtad–: nuestro deber para con Dios y nuestro deber para con Vuestra Majestad. Os honramos, pero tememos a Dios.»

Ni antes ni después se han movilizado en Inglaterra las masas a favor de los obispos, pero Jacobo II se las arregló para lograr esa proeza. Los mantuvo encerrados una semana, ocupando la capilla de la Torre (que el rey había reservado para el culto católico) y leyendo los servicios anglicanos. El 15 de junio, el primer día de la Trinidad, fueron llevados a comparecer ante el tribunal del rey. Una enorme multitud los seguía, y ellos la bendecían. Trelawney de Bristol, patriarca de una gran dinastía de Cornualles, inspiró la copla que se cantó durante la marcha a la capital desde el oeste:

¿Morirá Trelawney? ¿Morirá Trelawney?
Aquí hay treinta mil muchachos de Cornualles que quieren saber por qué.

Los obispos cruzaron todo Londres y fueron juzgados en Westminster Hall. Hasta los soldados que los custodiaban estallaron en vítores y aplausos cuando fueron absueltos. Jacobo II, que esperaba noticias en Hounslow, oyó que las tropas allí congregadas empezaban a vitorear. Al preguntar la causa, le respondieron:

–No es nada. ¡Los obispos han sido absueltos!

–¿A eso lo llamas nada? *Tant pis pour eux, tant pis pour eux* [«Tanto peor para ellos»].

En realidad, como debía haber comprendido de inmediato, la reacción espontánea de las masas de Londres al juicio y absolución de los obispos era la indicación más clara posible de que su experimento de absolutismo católico había fracasado. Poco tiempo después, en otoño, tuvo que renunciar a su corona. Guillermo de Orange llegó a Torbay en noviembre y la revolución incruenta quedó consumada. A partir de entonces, Inglaterra sería un país gobernado por una aristocracia protestante y liberal (whig), con el monarca como figura visible. Una parte importante de la nueva situación era que, en caso necesario, el monarca podía ser depuesto. Y un aspecto esencial de la nueva constitución era que estaba apoyada y financiada por los mismos comerciantes y financieros de la City que, en una generación anterior, habían mostrado tan implacables tendencias republicanas.

Era la época de los comienzos de la banca. Durante el Gran Incendio de 1666, Pepys enterró angustiado sus monedas de oro y sus propiedades valiosas. Como casi todos los londinenses, guardaba sus riquezas en casa, en cofres cerrados. En junio de 1667, cuando la flota holandesa remontó el Támesis y había peligro de invasión, Pepys envió a su esposa y sus sirvientes al campo, con todo el oro que pudieron transportar, unas 2.300 libras, y se quedó otras 300 libras escondidas en un ceñidor alrededor de la cintura. No confió su oro a los orfebres para que se lo guardaran, como hicieron otros muchos londinenses. En septiembre de 1664, el orfebre Backwell tenía en depósito más de medio millón de libras en oro de mil clientes. También los escribanos (como el padre de John Milton) aceptaban depósitos. En la década de 1660, Morris y Clayton tenían un millón y medio. La riquísima

Compañía de las Indias Orientales ofrecía garantías con intereses y préstamos a los clientes preferentes.

Sir Francis Child (1642-1713) fue orfebre, prestamista, concejal y alcalde de Londres, y a partir de 1690 se concentró exclusivamente en sus actividades bancarias. Hacia 1720 había trece bancos, que trataban principalmente con las grandes familias aristocráticas y en su mayor parte estaban localizados en la zona de Fleet Street. (El Child's Bank de Fleet Street cerró hace pocos años.) El Herries Bank de Saint James concedía créditos a los jóvenes aristócratas para pagar el Grand Tour. Otros bancos eran Hoares, Cootes y Goslings. Entre ellos y la Compañía de las Indias Orientales sufragaban los gastos del Ejército y la Marina. Clarendon, historiador de la Revolución inglesa y suegro de Jacobo II, escribió:

> Los banqueros no eran más de cinco o seis hombres, algunos de los cuales eran concejales y habían sido alcaldes de Londres. [...] Eran una tribu que había ascendido y medrado en tiempos de Cromwell, desconocida antes de los recientes conflictos, ya que hasta entonces todo el tráfico de dinero había pasado por las manos de los escribanos. Eran en su mayor parte orfebres, hombres que se sabía que eran ricos, y de tan buena reputación que se les podía confiar o depositar en sus manos todo el dinero del reino.

Esto no es ninguna exageración. Carlos II siempre trató a estos hombres con mucha consideración, y sus buenas razones tenía. Sus guerras, sus planes de construcción, su nueva y eficiente Marina, sus teatros y sus iglesias no salían gratis. Se los financió, a él y a sus sucesores, la tribu que había ascendido en tiempos de Cromwell.

Ahora casi podía decirse que todo el dinero del reino estaba depositado en Londres. Aunque el Tesoro seguía estando en Westminster, la institución que garantizaba la solvencia nacional estaba evolucionando en la City, y con el tiempo se convertiría oficialmente en el Banco de Inglaterra.

7

El Londres georgiano

La historia del Londres moderno comienza a finales del siglo XVII, y no solo porque Londres fuera el mayor puerto de Gran Bretaña, por donde pasaba el 69 por ciento de las exportaciones, el 80 por ciento de las importaciones y el 86 por ciento de la reexportaciones. Además, era único en el mundo debido a lo que estaba ocurriendo en la City. Pero el capitalismo nunca estuvo exento de desastres que acompañaran a sus triunfos.

En el número 3 de *The Spectator*, correspondiente al sábado 3 de marzo de 1710 o 1711, un autor anónimo (Joseph Addison) penetra en «la gran sala donde se maneja la banca y quedó muy complacido al ver a los directores, secretarios y contables con todos los demás miembros de esa rica corporación, situados en sus diversos puestos según las funciones que desempeñan en esta ordenada y justa economía». La congregación de hombres de la City se ha reunido para contemplar a «una bella virgen sentada en un trono de oro. Su nombre (según me han dicho) es Crédito Público».

El Londres de principios del siglo XVIII fue la cuna de la banca moderna y de la moderna economía del crédito. ¿Qué es en realidad el dinero? Esta es una pregunta a la que los economistas nunca han dado una respuesta totalmente satisfactoria. Pero entre otras cosas es una manifestación de poder. Lo que hicieron los corredores y banqueros de Londres a principios del siglo XVIII fue transformar el dinero, que dejó de ser una mercancía portátil –cofres de verdad llenos de oro (aunque también fue siempre esto, y lo sigue siendo)– para convertirse en la capacidad de prometer y exigir pagos: para la planificación urbana, para las guerras, para la gestión misma de la nación. Fue Charles Montagu, el astuto ministro de Hacienda de Guillermo III, quien a todos los efectos inventó el Banco de Inglaterra a finales del siglo XVII. Comenzó siendo una especie de lotería del Estado, con dos emisiones en 1693 y 1694 que recaudaron 1.200.000 libras de los jugadores. A partir de entonces, el país se financió a crédito, y la llamada deuda pública alcanzó unos niveles que jamás se podrían pagar. Esto dio un poder sin precedentes a los pocos –un pequeño grupo de banqueros– que podían controlar los suministros de dinero. Se llamaba Banco de Inglaterra, pero los directores del banco y el dinero que manejaban no estaban nacionalizados en ningún sentido. Eran agentes libres que actuaban como particulares y se enriquecían enormemente.

Una de las muchas paradojas del nacimiento del capitalismo moderno es que, aunque se basó en la premisa de que toda la nación estuviera en deuda con unos pocos banqueros, la idea de que los individuos particulares tuvieran deudas se consideraba sumamente condenable. En 1716 ingresaron en prisión en Inglaterra y Gales unos sesenta mil deudores, algunos por cantidades muy pequeñas. En Londres, solo en la prisión de deudores de Marshalsea había de setecientos a ochocientos presos, y solo en 1719 murieron de hambre trescientos de ellos.

El gobierno deudor que permitía que sus ciudadanos deudores corrieran esta suerte se metió en problemas en

1710. Los gobernadores del Banco de Inglaterra y los directores de la Compañía de las Indias Orientales –el otro conjunto de financiadores que abastecía de dinero al gobierno– eran whigs, es decir, partidarios del acuerdo de 1689, partidarios del holandés Guillermo, del protestantismo y de un gobierno básicamente antimonárquico dirigido por una alianza de la aristocracia y el dinero de la City. La nueva administración tory no podía estar segura de que la City siguiera respaldando sus gastos. Harley ocupó el cargo de ministro de Hacienda (chancellor of the Exchequer) en 1710. Había que financiar una guerra contra Francia y el gobierno tenía una deuda flotante de nueve millones de libras. Un intento de comprar participaciones en el Banco de Inglaterra y organizar una toma del poder por los tories fracasó. Era preciso encontrar otra compañía que financiara los créditos del gobierno.

El 10 de septiembre de 1711, una nueva compañía obtuvo el estatuto real: la Compañía del Mar del Sur. Nueve años después, esta compañía, con inversiones de carácter algo nebuloso en los lejanos Mares del Sur, tenía tantos accionistas optimistas que parecía encontrarse en posición de asumir la deuda pública. En principio, iba a hacerse cargo de más de 30 millones de libras de la deuda (que entonces ascendía a 51 millones). Con un plan tan grandioso en perspectiva, las acciones de la Compañía del Mar del Sur empezaron a subir espectacularmente. Durante 1720, las acciones subieron a un ritmo vertiginoso: un 130 por ciento en enero, llegando al 1.000 por ciento en junio. La expectativa de ver multiplicarse los ahorros a tal escala era irresistible, y a esas alturas había ya más de treinta mil inversores en toda la nación, implicados en el destino de la compañía. Tras la subida del

1.000 por ciento, el hinchado precio de las acciones se desplomó, cayendo del 780 por ciento al 180 por ciento a finales de junio. En septiembre, la «burbuja del Mar del Sur» había reventado y miles de accionistas quedaron en la ruina.

> Se interrumpió el trabajo en barcos a medio terminar y casas a medio construir [...] El comercio de lujo, como la alta sastrería, los relojes, la plata, quedó casi estancado [...] Había serias posibilidades de desempleo y disturbios por los alimentos.[1]

Londres se había demostrado a sí mismo la naturaleza fantasmagórica del dinero y el capital, con consecuencias desgarradoras. William Hogarth, el gran pintor inglés del período, describió en la década de 1730 la miseria moral de la época en la inolvidable serie de cuadros «El progreso», popularizada en grabados de los que se hicieron grandes tiradas: *La carrera de una prostituta*, *La carrera del libertino* y *El matrimonio a la moda* (este es posterior, de 1743-1745), todos los cuales describen una sociedad cuyos valores eran totalmente materialistas y egoístas, y donde el único consuelo para la miseria de una vida sumida en la pobreza había que buscarlo en las tabernas de Gin Lane o en los brazos de prostitutas infectadas de gonorrea. Sin embargo, en cierto sentido, la clave de toda la obra de Hogarth y de su visión de la vida se encuentra en un grabado que hizo en 1720, cuando tenía veintitrés años: *Grabado emblemático sobre el plan del Mar del Sur*. Al pie de lo que parece una parodia del monumento de Wren al Gran Incendio, los especuladores enloquecidos por el dinero crean su propia conflagración y destrucción en un infernal tiovivo presidido por el Becerro de Oro, sobre el cual cabalgan los jinetes del Apocalipsis.

La de Hogarth fue una de las muchas respuestas satíricas a la burbuja. Había por ejemplo, una baraja de naipes con una falsa compañía-relámpago dibujada en cada carta. El antisemitismo no tardó en percatarse de que el cambio radical en la organización de la vida fiscal y económica de Inglaterra coincidió con la llegada de los judíos a la City de Londres.

Un judío rico le dijo a una joven rolliza:
te daré un montón de valores si te acuestas conmigo.
Viejo conejo lascivo circuncidado, dijo ella,
yo tengo valores de sobra, a mí dame dinero contante.

En el período del Protectorado, los judíos, expulsados de Inglaterra durante la Edad Media, fueron invitados a vivir de nuevo en Londres. Menasseh ben Israel, residente en Amsterdam (aunque nacido en Madeira), era teólogo, predicador elocuente y hombre de excepcional encanto personal. John Sadler, que lo conoció en Amsterdam, describió a Ben Israel como «un ciudadano muy culto y amante de nuestra nación».[2] Otro puritano que conoció a Menasseh ben Israel en 1652 escribió: «Señor, mi corazón no discute que se llame aquí a la nación de los judíos, Tú lo apresurarás cuando lo consideres oportuno, oh, mi Señor». En octubre de 1655, Menasseh ben Israel presentó una solicitud «en nombre de la nación judía» para que se permitiera a los judíos regresar a Londres y vivir y practicar su culto con libertad. Escribió que había «observado con frecuencia que en este país [Inglaterra] Dios tiene un pueblo que es muy compasivo y amistoso para con nuestra afligida nación». La sinagoga de Creechurch Lane no ha sobrevivido, pero la de Bevis Marks sí; conserva en gran medida la atmósfera de una iglesia de Wren, y es fácil entender que muchos ingleses consideraran el judaísmo como una especie de rama del protestantismo.

A pesar de la importancia que tuvo que los judíos de Amsterdam vieran Londres como una ciudad tolerante, en algunos aspectos fue más importante que vinieran de Amsterdam. A todos los efectos, la próspera y republicana ciudad holandesa había inventado el capitalismo moderno: créditos, seguros, banca. Menasseh ben Israel y sus amigos judíos trajeron a Londres la habilidad judía, los contactos judíos, el dinero judío. No tiene nada de sorprendente que los holandeses vieran el Londres de Cromwell como su mayor rival y amenaza, lo cual condujo a tres guerras anglo-holandesas, en 1652-1654, 1665-1667 y 1672-1674. En la segunda de dichas guerras, la flota holandesa remontó el Medway y a punto estuvo de bombardear Londres. Fue la amenaza holandesa lo que indujo a la reorganización y construcción de la Royal Navy.

Lo que veían los holandeses era que Inglaterra tenía, con la Compañía de las Indias Orientales, una salida al mercado oriental que estaba superando rápidamente a sus rivales. En Londres tenía un puerto más grande y con más volumen de negocio que ningún otro de Europa. Y ahora, gracias a su contacto con los mercados financieros de Amsterdam, tenía todos los elementos de una institución financiera moderna.

La City de Londres, con todas sus estructuras medievales de poder, su consistorio, sus compañías basadas en los gremios y oficios medievales, sus enormes reservas de oro y su capital activo, había salido muy maltrecha de la crisis de la burbuja del Mar del Sur. Durante los tres siglos siguientes, la City siempre se consideraría la encarnación misma de la probidad y el dinero sólido. Pero lo que había inventado en la era de Wren era algo que al ingrato mundo de fuera de la milla cuadrada iba a parecerle muchas veces una estafa, dinero a cambio de nada. Desde sus comienzos, la City, con todas sus ostentosas pompas y su asombrosa riqueza, ha conllevado un elemento no de falta de honradez, pero sí de ilusionismo, que justificaba el desconcierto de John Maynard Smith al advertir que la economía del mundo occidental se podía regir por los principios del juego de la ruleta.

No resulta sorprendente que uno de los héroes de la época fuera Jack Sheppard, ladrón, salteador de caminos y prodigioso escapista. Su habilidad, comparable con la de Houdini, para librarse de esposas, grilletes y cadenas y para escapar de fortalezas como la de Clerkenwell Bridewell le convirtió en un héroe popular. Su emblemática importancia en la escena pública fue reconocida por el pintor y muralista de la corte James Thornhill, que acudió a pintarlo en su celda de la prisión de Newgate. Su ahorcamiento, que tuvo lugar el 16 de noviembre de 1724, fue presenciado por una enorme multitud, lo mismo que su juicio en el Tribunal Real, durante el cual le dijo al juez Powis que nunca había tenido «la oportunidad de ganarse el pan de un modo honrado».

El cadáver de Jack Sheppard fue enterrado decentemente como corresponde a un héroe de Londres. Sin embargo, los cuerpos de muchos hombres y mujeres ahorcados proporcionaron la materia prima para otra obsesión de principios del siglo XVIII: la disección y la anatomía. Si el Londres de Wren y Hooke había estado a la vanguardia del mundo en química y física, en la siguiente generación el antiguo estudio medieval de la medicina se transformó en la ciencia moderna que es ahora.

Solo el gremio de barberos y cirujanos, el Real Colegio de Médicos y la Royal Society estaban autorizados a reclamar cadáveres para la disección. (En 1745, como señal de su creciente distinción, el gremio de cirujanos se escindió del de barberos.) La profesión médica iba ascendiendo en la escala social e intelectual. Un colectivo de hombres que en el siglo XVII habían sido profesionales que empuñaban cuchillas, algunos para afeitar y otros para sangrar a sus clientes, se había dividido para formar el Real Colegio de Cirujanos.

A las viejas instituciones medievales de San Bartolomé y Santo Tomás, los filántropos particulares añadieron otros cuatro hospitales generales: el de Westminster (1720), el de Guy (1725), el de San Jorge (1733), que acogió a los habitantes del East End en 1740, y el de Middlesex en 1745. Fue también en esta época cuando se fundaron hospitales especializados: tres maternidades a mediados de siglo, el Lock Hospital para enfermedades venéreas en 1746 y el Foundling Hospital (un hospicio para niños expósitos), fundado en 1739 por el capitán Thomas Coram en Lamb's Conduit Fields, con sus memorables murales de Hogarth que representan a los niños de las Sagradas Escrituras, desde Moisés a Jesús.

La medicina se enseñaba en los hospitales docentes de Londres. Los estudiantes seguían a eminentes médicos y cirujanos en sus rondas por las salas de los hospitales y pagaban por el privilegio. A mediados de siglo, un «alumno ambulante» podía pagarle a un cirujano entre 21 y 32 libras al año, y a un médico mucho menos. Un asistente, que ayudaba en las operaciones y realizaba sangrías menores, podía pagar unas 50 libras como aprendiz de un cirujano. Era un negocio muy lucrativo para los doctores más distinguidos de Londres, y como en el Londres del siglo XVIII todo se medía por el dinero, era el indicador más seguro del ascenso de categoría del doctor.

Seguramente, el anatomista más eminente del siglo XVIII fue John Hunter (1728-1793), que se trasladó a Londres a los veinte años, después de haber sido ayudante de ebanista en Glasgow, y estudió primero en el Hospital Militar de Chelsea y después en San Bartolomé. Hunter, que experimentó con peces, lagartos, mirlos, erizos y casi cualquier otro animal al que pudiera echar mano para disecarlo, era un auténtico científico, un explorador de la verdad, alguien que planteaba dudas. Su axioma era que «los experimentos que tienden meramente a establecer un principio ya conocido y admitido no se deben repetir con frecuencia, sino que el siguiente paso debe ser la aplicación de ese principio a fines útiles». Para él, la disección de cadáveres se convirtió cada vez más en la manera de hacerse una idea de las causas de la enfermedad.

Pero había en juego más que el mero análisis del bazo, el hígado o la aorta. Las conferencias de Hunter, publicadas en la década de 1790 bajo el título *Philosophical Transactions*, condujeron inevitablente a poner en tela de juicio la existencia del alma. Hunter, que era deísta, se aferraba a la idea de que existía un «principio vital», invisible pero activo, «en la sangre y en la inmundicia» que se descubría en la sala de disección. En la siguiente generación se abrió una gran brecha en el Real Colegio de Cirujanos cuando el profesor John Abernethy defendió el «principio vital» contra el racionalismo materialista de William Lawrence, que en 1816, en una controvertida serie de conferencias, declaró que no existía ninguna evidencia científica a favor de la existencia de dicho «principio». Lo único que había era sangre e inmundicia.

Este temor fue simplemente acrecentado, no creado, por la habilidad de los anatomistas. Parecía que la religión coexistía psicológicamente con el más abyecto terror a la muerte, que se manifiesta de modo estremecedor en la vida y escritos del más famoso habitante del Londres del siglo XVIII, Samuel Johnson.

Johnson, un hombre corpulento y sin un céntimo, «pensó en probar suerte en Londres» en 1737, cuando tenía veintiocho años. Se alojó en la casa de un corsetero de Exeter Street, junto al Strand. Después de haberse ganado la vida a duras penas como maestro de escuela en las Midlands, ahora se dio a conocer como... ¿qué? Escritor, dramaturgo, «negro» en Grub Street y, por fin, célebre autor de un diccionario y fuente de sabiduría coloquial. Entre sus contemporáneos, fue el más ilustre de los que hicieron la transición de la vida provinciana a la metropolitana, y también fue el más claro ejemplo de la tendencia que impulsó a hacer lo mismo a miles de personas. Entre 1700 y 1801, la población de la metrópoli casi se duplicó. Pasó de ser una ciudad de 575.000 habitantes a tener casi un millón.

En todas sus oscuras, bulliciosas y superpobladas callejuelas y casas se debía de alimentar la esperanza de cosas mejores: entre los miles de londinenses a los que «les fue bien» en oficios y profesiones y entre miles a los que probablemente les habría ido mejor si se hubieran quedado en casa, en sus aburridos pueblos y aldeas de provincias.

Todos los dichos de Johnson acerca de Londres, incluyendo los más famosos, dan idea de la magnitud y variedad de lo que la ciudad tenía para ofrecer. «El mundo no tiene nada nuevo que mostrar», le dijo al joven Boswell al despedirse del escocés después de cenar en la Taberna Mitre, en Fleet Street. «Ningún hombre amante de las letras deja Londres sin pena», «La felicidad de Londres no pueden concebirla más que los que han estado aquí. Me atrevo a decir que hay más conocimiento y ciencia en diez millas a la redonda de donde estamos ahora que en todo el resto del reino», «La ciudad es mi elemento»... El 20 de septiembre de 1777, a los sesenta y ocho años de edad, le dijo a Boswell: «No encontrarás ningún hombre intelectual que desee marcharse de Londres. No, señor; cuando un hombre está cansado de Londres, es que está cansado de la vida, porque en Londres hay todo lo que la vida puede proporcionar».

Las evidencias de esta vida, la vida de Londres en el siglo XVIII, se conservan en la arquitectura que ha sobrevivido a pesar de los estragos de los constructores victorianos, la aviación alemana y los constructores y urbanistas del siglo XX. La primera plaza cuadrada de Londres, Bloomsbury Square, situada en la propiedad de lord Southampton, se había construido en la década de 1660, y lord Saint Albans le imitó poco después con la construcción de Saint James's Square. Pero fue en el siglo XVIII cuando la plaza de Londres como unidad residencial se convirtió en un rasgo distintivo, con hileras uniformes de casas (*te-*

rraces) rodeando un jardín ornamental. Bedford Square en 1775, diseñada por Leverton; Cavendish Square, de 1717, por John Prince; Portman Square, de 1764, y Manchester Square, de 1776, son solo algunas de ellas. Piensen en la magnífica Fitzroy Square, rematada por una espléndida casa de los Adam, de 1790, o la Portland Place de los hermanos Adam, de 1778.

Esta fue la época de algunos de los mejores edificios de Londres: desde las misteriosas y originales iglesias de Hawksmoor (1661-1736) al antiguo edificio del Tesoro y la fachada de la Revista de la Guardia Montada, de William Kent (1684-1748), la Somerset House y Albany en Piccadilly, de sir William Chambers (1726-1796) y las variadas obras de George Dance el Joven (1741-1825). Véase el contraste entre la fachada gótica de Dance para la casa consistorial de la ciudad, de 1789, la austeridad de su prisión de Newgate (ya demolida) y la escueta sencillez de sus hileras de casas.

Aunque los londinenses de la época vivían hacinados, y muchos de ellos en la más abyecta pobreza, ninguno de ellos veía nada que fuera feo de contemplar. La más humilde silla de taberna estaba bien torneada y pulcramente diseñada. La jarra de peltre o loza en la que un pobre bebía su cerveza tenía una sencillez de diseño que reflejaba la excelencia del sistema de aprendizaje con que los artesanos aprendían a lo largo de muchos años a hacer cosas visualmente agradables y físicamente útiles. Fue también, para los ricos, la gran época del mobiliario y la porcelana. Thomas Chippendale instaló su taller en Saint Martin's Lane en 1753, trabajando principalmente con caoba importada de América del Sur; Thomas Sheraton siguió sus pasos en 1790, llegando a ser el mejor fabricante de muebles de finales del siglo XVIII y del período de la Regencia; Josiah Wedgwood fabricaba sus cerámicas en Staffordshire, pero desde los primeros tiempos tuvo una sala de exposiciones en Londres; y Chelsea producía porcelanas en un estilo no menos exquisito.

Casi toda la más bella platería que existe actualmente en Ingaterra se hizo en Londres durante el siglo XVIII, y también muchos de los relojes más preciosos y las encuadernaciones de libros más hermosas. No todos estos logros estéticos estaban reservados para los muy ricos o privilegiados. Un aspecto muy distintivo y revelador de la vida en el siglo XVIII es el jardín: no solo el gran jardín público, diseñado para las plazas recién construidas, porque detrás de las casas de las *terraces* se reservaba espacio para pequeños jardines. En un folleto de subasta del 12 de marzo de 1802 se vendía una casa en el 53 de Guilford Street, en Queen Square, con el gancho, entre otras cosas, de «un gran balcón que da a los jardines de las viviendas vecinas». Esta ha sido, desde el reinado de los tres primeros Jorges, una característica de la vida de Londres: que los londinenses hayan podido contemplar sus propios jardines traseros y los múltiples y variados jardines traseros de los demás. «¡Qué alegre mañana! –escribió Fanny Boscawen en mayo de 1795, desde su casa del número 14 de South Audley Street–. Abro todas mis ventanas y me anima tener unos cuantos árboles cuyas hojas se mecen cerca de mí, y que al instante pueda ver lilas moradas, lilas blancas, y laburnos [*sic*] amarillos en mi jardín o en el de mi vecino.» Así pues, había bastante verdad, y no solo en sentido figurado, en las palabras de Johnson cuando dijo: «En Londres hay todo lo que la vida puede proporcionar».

Consideren ese vasto monumento a los placeres de la conversación, la biografía que Boswell escribió de su ídolo, y la variedad y eminencia de los que conversaron con él: desde el rey Jorge III («No seré yo quien compita en cortesías con mi soberano») hasta el agitador radical Wilkes. Adam Smith, Edmund Burke, Edward Gibbon, Oliver Goldsmith, sir Joshua Reynolds, Sheridan, el doctor Burney, Joseph Warton, innumerables obispos y pares… todos gozaron de la conversación de Johnson, como lo hicieron sus amigos más íntimos, que encarnaban perfectamente la mezcla social del Londres georgiano: Henry Thrale, el rico cervecero de Southwark, cuya casa rural en Streatham sirvió de refugio a Johnson y cuya esposa mantuvo una *amitié amoureuse* con el gran genio; Frank Barber, el esclavo antillano liberado que iba a ser el heredero de Johnson; el doctor Levett, el médico pobre, evidentemente alcohólico y aficionado a las prostitutas, que formó parte de la variopinta tropa de huéspedes de Johnson en sus diversas casas de la zona de Fleet Street, y cuyas atenciones a los pobres fueron celebradas en uno de los mejores poemas de Johnson. Piensen también en la gran variedad de experiencias recogidas por Boswell, tanto en su biografía de Johnson como en su diario de Londres. Los londinenses del siglo XVIII tendían a vivir en habitaciones pequeñas y casas superpobladas. Buscaban sus placeres sociales fuera del territorio del hogar, como demuestra la popularidad de los jardines ornamentales, los cafés, las tabernas y los teatros.

A finales de la década de 1770 había en Londres y sus alrededores más de doscientos jardines de recreo. Los dos más grandes eran Vauxhall Gardens, en la orilla sur del río, y Ranelagh Gardens (inaugurado en 1742), en la orilla norte en Chelsea. Los parques han sido siempre un lugar de relajación para los londinenses. Hyde Park se utilizó para la caza del ciervo hasta 1768. Desde que Guillermo III construyó el palacio de Kensington a finales del siglo XVII y la reina Carolina se instaló en la Casa Holandesa de Kew en 1728, los parques han servido a la vez para el recreo del público y de la realeza. Fue en Kew donde Augusta, princesa de Gales, fundó en 1759 el Real Jardín Botánico, bajo la dirección de lord Bute y su jefe de jardineros, William Aiton. Estaba adornado con espléndidos templetes, un invernadero para naranjos y una pagoda de sir William Chambers. (Una generación después, Decimus Burton diseñó más construcciones maravillosas, entre ellas los invernaderos.) Pero en el siglo XVIII, aparte de la pionera obra hortícola de Kew, los parques eran principalmente lugares de recreo, y no de plantación. Fueron los victorianos los primeros que plantaron flores en, por ejemplo, Hyde Park.

La estatua de Haendel esculpida por Roubilliac para Vauxhall Gardens (que ahora se conserva en la Galería Británica del Victoria and Albert Museum) es casi la de un dios menor o un elfo cuya presencia aportaba un prodigioso acompañamiento musical a la vida del Londres georgiano. Haendel, nacido en la Baja Sajonia, adquirió la nacionalidad inglesa en 1727, y aunque su oratorio más famoso se estrenó en Dublín (el *Mesías*, 13 de abril de 1742), casi todos los demás se interpretaron antes en Londres, igual que sus numerosas óperas. Su *Música para los reales fuegos artificiales* le convirtió en un *genius loci* muy adecuado para los jardines de recreo, ya que en estos lugares se hacían frecuentes exhibiciones pirotécnicas, además de mascaradas, danzas y *extravaganzas* teatrales. También eran, como todos sabían, excelentes lugares para ligar, y el sexo casual era frecuente en los senderos oscuros, alejados de las avenidas bien iluminadas.

El cambio de orientación de Haendel, que pasó de ser básicamente un compositor de música religiosa para ser interpretada en las iglesias a componer óperas, refleja la importancia comercial del teatro en el Londres de la época. Algunos de sus oratorios, en especial *Esther*, fueron escenificados. La princesa heredera quería que *Esther* se representara en el King's Theatre en 1732, con decorados y acción, pero el obispo de Londres intervino para impedir lo que se consideraba una profanación (la representación de un libro de las Escrituras, aunque se tratara de un libro que no contiene la palabra «Dios»).

Había más dinero en el teatro, y Haendel, que como la mayoría de los artistas tenía sus altibajos, ganó con sus óperas lo suficiente para poder donar un órgano al Hospicio para Expósitos (el Foundling Hospital) en 1750, con una interpretación del *Mesías* para celebrar la donación.

Si Haendel ganó su buen dinero, el actor más famoso de la época se enriqueció más de lo que habría podido soñar gracias a la popularidad del teatro de Londres a mediados del siglo XVIII. Garrick era básicamente un actor cómico. Tuvo su primer éxito con una obra titulada *The Lying Valet*, pero interpretó casi todos los grandes papeles shakespearianos y se ha discutido mucho si fue un síntoma o la causa del enorme resurgimiento de la popularidad de Shakespeare en esta época. Fue como empresario como obtuvo sus mayores éxitos económicos. Sus producciones oscilaban desde el lujo exótico –no vacilaba en contratar a los mejores pintores de la época, Zoffany y Reynolds, para que pintaran sus decorados– hasta lo imaginativo y las funciones benéficas. Fue discípulo del doctor Johnson y siempre mantuvo una relación tirante con su antiguo maestro (a Johnson le sentaba mal su éxito), pero uno de los gestos más magnánimos que tuvieron los dos hombres fue una función benéfica del *Comus* de Milton en el Drury Lane Theatre en 1750. El propósito era recaudar dinero para la nieta de Milton, que era propietaria de una pequeña verdulería en Holloway. Gracias al dinero recaudado, pudo mudarse al suburbio de Islington, un poco más elegante.

Los teatros no eran necesariamente lugares apacibles. Muchas veces, el público estaba borracho y vigilaba estrictamente el precio de las entradas. En una función de la ópera de Thomas Arne *Artajerjes*, el 24 de febrero de 1763, se descubrió que el teatro Covent Garden había cobrado las entradas más caras que su rival, el Drury Lane. Se produjo un alboroto que causó tantos daños que el teatro tuvo que cerrar varios días.

El disturbio, ese síntoma de la masificación y la incomodidad urbana, nunca estaba muy por debajo de la superficie en el Londres georgiano. En la década de 1760, la pequeña burguesía –pequeños comerciantes e industriales, maestros artesanos, tenderos, los equivalentes de los parisienses que pondrían en marcha la Revolución francesa veinte años después– se agrupó en torno a John Wilkes, el radical miembro del Parlamento por Middlesex, que pidió su emancipación política en su campaña por el voto de los hombres adultos. Las autoridades juzgaron mal la situación, y el encarcelamiento de Wilkes por supuesta difamación del rey inflamó a sus seguidores. Los amotinados que gritaban «¡Wilkes y libertad!» chocaron con los guardias de a pie en Saint George's Fields (Southwark), en lo que después se conoció (algunos de ellos murieron) como «la masacre de Saint George's Fields».

Wilkes no era ningún izquierdista en el sentido moderno. Tras su puesta en libertad se convirtió en un inmensamente rico comerciante de la City y llegó a ser un apreciado alcalde en 1774. Era enormemente popular, pero no entre los partidarios de abolir la propiedad (como los revolucionarios marxistas de épocas posteriores), sino entre los que veían una conexión indisoluble entre la propiedad personal y las libertades políticas. En este aspecto, los disturbios al grito de «¡Wilkes y libertad!» anticiparon el crecimiento de la burguesía británica y la economía «liberal» del siglo XIX.

Pero también demostraron que Londres era un polvorín, tan sobrecargado política como físicamente.

En 1780, la guerra británica contra las recién establecidas colonias americanas iba mal, y esto ejercía un efecto deprimente sobre el comercio de la City y los negocios en general. Los enemigos tradicionales de Inglaterra, Francia y España, unieron fuerzas con los americanos. No había nada muy católico en América en aquellos primeros tiempos, pero la agresión de los franceses reavivó los prejuicios anticatólicos en Londres. Una inoportuna legislación parlamentaria, que suavizaba las anticuadas leyes penales contra los católicos, bastó para encender la chispa de los mayores disturbios que Londres ha contemplado en su historia. Lord George Gordon, jefe de la Asociación Protestante, organizó una manifestación de sesenta mil partidarios en Saint George's Fields, el amplio espacio abierto entre Southwark y Lambeth (ahora está urbanizado, desde hace mucho tiempo) que había sido escenario de la «masacre» de abril de 1768. La manifestación cruzó el Támesis para presentar una petición al Parlamento y después procedió a incendiar varios centros católicos. La capilla de la embajada de Baviera en Warwick Street, la capilla de la embajada de Cerdeña en Lincoln's Inn Fields y los locales donde se decía misa en Moorfields fueron blancos de los fanáticos protestantes que había entre los manifestantes. Pero, como demuestra un estudio de los alborotadores y su comportamiento, esto no era tan solo una simple muestra de fanatismo religioso. La prisión de Newgate fue atacada e incendiada, dejando libres a los presos. Otras cuatro prisiones sufrieron daños parciales. También fue atacada la casa de Mansfield, el presidente del Tribunal Supremo, en Bloomsbury Square. Sabemos mucho sobre las personas que dirigieron estos ataques e incendios, y sobre la gente que pretendían liberar. Newgate, por ejemplo, fue asaltada con éxito por, entre otros, marineros descontentos (se vieron muchos sables de abordaje y arpones entre la multitud). La turba impuso sin disimulos un sistema de protección mafiosa: a un quesero de Bishopsgate llamado Carter Daking le dieron a elegir entre pagar dinero o ver su casa en llamas. «¡Malditos sean tus ojos y tus miembros, echa un chelín en mi sombrero o por Dios que tengo un grupo que puede destruir tu casa al instante!»

No se puede decir que esto sea un discurso político de carácter muy elevado. Los Disturbios de Gordon ofrecieron a los descontentos rencorosos y semianalfabetos la oportunidad de pasar unas cuantas noches destruyendo, saqueando, incendiando y dando palizas. Los pobres podían mostrar lo que opinaban de los ricos. El sirviente doméstico podía desahogarse con el pequeño pero acomodado tendero. El patán borracho británico podía expresar lo que pensaba de los extranjeros. Mientras que los disturbios de «¡Wilkes y libertad!» habían tenido un propósito, los de Gordon fueron más bien una especie de terapia de gritos. Los ataques a la casa de lord Mansfield, por ejemplo, no fueron una simple protesta contra el cambio legislativo que iba a hacer un poco más llevadera la vida de los católicos; fueron una manifestación de odio hacia un presidente del Supremo especialmente detestado, durante cuyo mandato aumentó el número de delitos castigados con la pena de muerte. En los juicios presididos por Mansfield, 29 personas fueron condenadas a ser marcadas a fuego, 448 fueron deportadas y 102 fueron ahorcadas. Tratándose de un hombre que entre 1757 y 1768 solo actuó como juez en Old Bailey aproximadamente una vez al año, las cifras son bastante impresionantes, y los deportados, marcados y ahorcados tenían que tener muchos amigos y familiares que, sin duda, algo disfrutarían viendo arder los muebles y cuadros de Mansfield mientras él y su mujer huían por la puerta trasera. Pero el gobierno no estaba dispuesto a permitir que la situación degenerara, pasando de disturbio a revolución, y se movilizaron diez mil soldados para sofocar la revuelta. Al cabo de una semana, habían muerto doscientas personas, se había ahorcado a veinticinco y se comprobó que la cantidad de edificios dañados era sorprendentemente baja (cincuenta y tantos), lo que da credibilidad a la idea de que estos ataques no se lanzaron al azar, sino que fueron deliberada y cuidadosamente planificados.

En la medida en que fueron protestas contra lo diferente, lo extranjero, lo diverso, los Disturbios de Gordon fueron solo una manifestación extrema de un fenómeno londinense que se repite continuamente mientras la ciudad se expande y cambia. El crecimiento de la población del Londres georgiano no se debió a un prodigioso aumento de la fecundidad de las mujeres nacidas bajo el sonido de las campanas de Bow. Se debió principalmente a los que acudían a Londres, como había hecho Johnson, a «probar fortuna».

Muchos, como el mismo Johnson, venían de las provincias. Pero otros llegaban como consecuencia del enorme incremento del comercio mundial centrado en el puerto de Londres: marineros, esclavos y ex esclavos, mulatos y cuarterones. En los Disturbios de Gordon participaron muchos negros: «La voz de nuestra protesta implica una venganza», dijo uno de sus portavoces, Ottobah Cugoano, famoso en su época como escritor.

Pero la comunidad inmigrante más significativa de este siglo era la francesa. Casi todos eran hugonotes (protestantes) que huían de la intolerancia religiosa de su país natal, y aunque no tenían el monopolio de la industria de la seda, centrada en el distrito de Spitalfields, eran mayoría en ella.

Los grandes retratos pintados por Thomas Gainsborough (1727-1788) parecen comentarios a un proverbio muy repetido en la época: «Todos somos hijos de Adán, pero la seda nos hace diferentes». Los animados rostros ingleses de las mujeres de Gainsborough nos miran por encima de extravagantes festones de seda, que resplandecen y caen en cascada por el lienzo. Por lo general, Gainsborough dedica veinte veces más espacio a los vestidos de seda que a la cara de sus modelos. El gasto en seda y el puro arte de la confección del vestido distinguen a estas modelos de la masa general, vestida de lana y estambre. El salario medio de un oficial tejedor de seda podía ascender a cinco chelines a la semana. El precio de un vestido de seda podía llegar a cincuenta libras. En otras palabras: un tejedor tenía que trabajar cuatro años para ganar lo que costaba uno de aquellos vestidos. Los obreros de categoría inferior en la industria, ovilladores e hilanderas, que solían ser muchachos o mujeres, podían ganar tan solo un chelín a la semana.

Los fabricantes de seda, en cambio, ganaban enormes fortunas. En 1777, los principales comerciantes, como Vansommer y Paul, de Pall Mall, estaban asegurando sus negocios por la prodigiosa suma de 21.000 libras. Para entonces, lo que conocemos como revolución industrial había comenzado a rodar, y Londres era su eje.

8

La revolución industrial y la metrópoli de Nash

Los historiadores británicos del siglo XX que abordan la revolución industrial tienden a perder de vista por completo, o a subestimar lamentablemente, la importancia capital de Londres como base industrial y de fabricación. Una declaración típica es la de Fernand Braudel: «No solo Londres, sino Manchester, Birmingham, Leeds, Glasgow y muchas otras poblaciones proletarias más pequeñas pusieron en marcha la nueva era». Un estudio de los hechos, siguiendo la obra pionera de Roy Porter (*London: A Social History*, 1994), demuestra lo erróneo de este enfoque.

El tamaño mismo de Londres, en comparación con las incipientes ciudades industriales, es el primer factor que los primeros historiadores pasaron por alto en su intento de sugerir que la riqueza de Londres procedía del comercio, mientras el resto del país fabricaba las mercancías. Si aceptamos que en 1801 Londres tenía una población de 960.000 habitantes, esto quiere decir que era más de diez veces más grande que Liverpool (82.000 habitantes). Tampoco es cierto, como creían los primeros historiadores, que la población de Londres se estabilizara o decreciera. Sus estadísticas corresponden a los habitantes del interior de la City de Londres. El extrarradio era extenso, con poblaciones ocupando y urbanizando las aldeas de Londres. Solo en Marylebone había 122.000 habitantes en 1831, más que en Leeds, y la parroquia de Saint Pancras, situada al lado, tenía una población de 103.000, tantos como Bristol.

Toda aquella gente tenía la ambición, no siempre cumplida, de comer todos los días. Todos ellos querían, y muchos conseguían, ropa, calzado, porcelana, mantelerías, muebles, tabaco, tijeras de jardín, cubos para carbón, alfombras, relojes, tijeras, ungüentos, píldoras y pociones, colchones, bolsos de cuero, libros, cestos, carretillas, velas y apagavelas, muñecas y casas de muñecas, carruajes, patas de palo, gafas y los mil y un objetos con los que la población urbana llena su existencia.

Algunas de estas cosas se fabricaban en otras partes de las Islas Británicas y eran adquiridas por los londinenses. Pero todos estos artículos se fabricaban también en Londres o en sus alrededores inmediatos, y el estudio de los directorios comerciales, en especial el *London and Provincial New Commercial Directory* de Pigot & Co., enumeran 49.000 negocios, de los que más del 35 por ciento estaba dedicado a algún tipo de manufactura. (Esto excluye la producción por encargo.)

El agua no era algo que se bebiera de buena gana en aquellos tiempos antihigiénicos. La cerveza era la bebida habitual en el desayuno y en la comida, para niños y para adultos. En el Londres georgiano había innumerables pequeñas fábricas de cerveza y otras muy prósperas, como la de Henry Thrale, el amigo del doctor Johnson. Las fábricas de Whitbread's, Barclay's y Truman's producían casi el 36 por ciento de la cerveza consumida en Londres a principios del siglo XIX. Esto implicaba una tecnología muy avanzada, movida a vapor, para proporcionar los galones de cerveza necesarios para saciar la sed de la capital.

Londres era también el centro nacional de destilación de ginebra. (En 1745, los británicos consumían al año treinta millones de litros de ginebra, y aunque esta cifra disminuyó en los sesenta años siguientes, a finales del siglo XVIII y principios del XIX seguía habiendo en Londres setenta y cinco destilerías de ginebra.)

El azúcar, importado directamente de las Antillas a los muelles de Londres, se refinaba en la capital, y esta era la tercera mayor industria alimentaria o de bebidas. Pero hasta el siglo XX, la enorme población de Londres era prácticamente autosuficiente en cuestión de comestibles, y en la capital se producía manteca, aceite, mostaza, vinagre, chocolate, galletas y muchos otros artículos de consumo cotidiano. Los lectores de *El capital* de Marx recordarán su evocadora descripción de las agotadoras jornadas de trabajo de los panaderos y la edad a la que morían por término medio: cuarenta y dos años.

La base industrial de la riqueza de Londres y el carácter industrial de la vida laboral de los londinenses son algo que hoy tenemos que recordarnos a nosotros mismos, porque todo aquello ha desaparecido. En Camden Town, por ejemplo, donde hasta principios o mediados del siglo XX todavía había pequeñas fábricas de pianos, cerveza o miembros artificiales, todas ellas se han transformado en oficinas o en viviendas particulares.

En 1824, cuando tenía doce años, Charles Dickens vivió en esta zona mientras su padre estaba encerrado en la cárcel para deudores de Marshalsea, en Southwark. Todos los días, el muchacho iba andando desde su alojamiento en el norte de Londres a una fábrica situada junto al Strand, que hacía betún para zapatos y parrillas:

> El almacén de betún era el último edificio a la izquierda de la calle, en las viejas escaleras de Hungerford. Era una casona vieja, extravagante, destartalada, por supuesto pegada al río, y totalmente infestada de ratas. Sus salas entarimadas y sus podridos suelos y escalera, y las viejas ratas grises que hormigueaban en los sótanos, y el sonido de sus chillidos y forcejeos que subía por la escalera a todas horas, y la suciedad y la podredumbre del lugar se alzan visibles ante mí como si estuviera allí de nuevo. La oficina estaba en el primer piso, desde donde se veían las barcazas de carbón y el río. Allí había un nicho en el que yo tenía que sentarme y trabajar. Mi trabajo consistía en tapar los tarros de betún; primero con un trozo de papel encerado; después, atarlo con un cordel, y por último, apretar bien el papel, estirándolo por todas partes, hasta que parecía tan pulcro como un tarro de ungüento salido de la farmacia. Cuando un cierto número de gruesas de tarros había alcanzado esta cumbre de perfección, yo tenía que pegar en cada uno una etiqueta impresa, y después empezar de nuevo con más tarros.

El recuerdo del almacén de betún era amargo. John Forster, amigo y biógrafo de Dickens, no supo nada del asunto hasta que, cuando hacía ya años que lo conocía bien, se encontraron con un tal señor Dilke, que recordaba haberle dado a Dickens media corona cuando era el chico de la fábrica.

Los primeros escritos de Dickens, que se publicaron en el *Evening Chronicle*, fueron los *Sketches by Boz*: instantáneas de Londres y los londinenses a mediados de la década de 1830, pero que evocaban recuerdos que se remontaban muy atrás, a su solitaria y terrible infancia, cuando, abandonado a sus propios recursos o a las fatigas, casi propias de la esclavitud, de las rutinas de la fábrica de betún, vagaba por las calles absorbiendo sus imágenes, sonidos y personajes. «Boz» ve la celda de los condenados en Newgate, los Vauxhall Gardens, teatros, oficinas, iglesias. Vemos cómo londres alimentó su imaginación de artista hasta el punto en que ahora, cuando pensamos en la capital de principios del siglo XIX, la vemos a través de sus ojos: voluble, cómica, patética, divertida... en una palabra, dickensiana. Dickens captó Londres y lo hizo suyo.

A veces es necesario, si estamos tan hechizados por Dickens como lo está la mayoría de los lectores ingleses, recordarnos que, en el período comprendido entre las guerras napoleónicas y la coronación de la reina Victoria, Londres era algo más que el mundo cubierto de niebla, pobre pero de aspecto digno y plagado de oficinistas, bolleros cubiertos de hollín y sacristanes resfriados que describía Boz. Se estaba convirtiendo en la primera gran metrópoli del mundo. Su población estaba creciendo mucho: de 865.000 habitantes a principios del siglo XIX aumentó a un millón y medio. Pero estaba ocurriendo algo más que un mero crecimiento de la población: Londres no solo era la ciudad más grande del mundo. Era, después de las guerras napoleónicas, la ciudad más poderosa.

En la *Knight' Cyclopedia of London, 1851*, se lee:

> Hace algunos años, al derribar la iglesia francesa de Threadneedle Street, quedó expuesto a la vista un pavimento teselado [en mosaico] que, hace por lo menos catorce siglos, había sido pisado por pies romanos; y el vecindario inmediato fue, probablemente, la parte más opulenta del Londres romano. En este mismo lugar reina ahora su-

premo un poder más grande que el de Roma, un poder del que los amos del mundo antiguo no tenían ni idea.[1]

Respaldada por el dominio político de Europa y de la India, por una formidable base industrial en su propia metrópoli y en el conjunto de Gran Bretaña, y por el mismo sistema de crédito que en la época de la burbuja del Mar del Sur había parecido tan insustancial y frágil, la riqueza comercial de la City era la piedra angular de la riqueza del Londres del siglo XIX. Mientras que los franceses se habían basado en los impuestos directos, muchas veces considerados injustos, para recaudar ingresos, los ingleses, desde la fundación del Banco de Inglaterra y la deuda pública, habían financiado créditos e inversiones como base de la seguridad y la prosperidad. Cuando esto funcionaba, como ocurría en las buenas épocas, los inversores se sentían felices y al populacho en general, en un juego de manos, no se le cobraban impuestos.

Las altas finanzas siempre han tenido sus peligros. Los grandes contratantes de créditos para las guerras británicas contra Napoleón fueron los Goldsmid. Aaron Goldsmid era un judío holandés que se había establecido en Londres a mediados del siglo XVIII. Benjamin y Abraham Goldsmid se hicieron corredores de letras de cambio. Se mantuvieron en estrecho contacto con Amsterdam, que seguía siendo el principal mercado de dinero de Europa. Benjamin, que se aseguró una bonificación de cien mil libras en su fusión con un próspero comerciante de las Indias Orientales, Israel Solomons, se convirtió en una de las grandes figuras de la Bolsa, asesor financiero de William Pitt y figura clave en la guerra contra Napoleón. Los dos hermanos, Benjamin y Abraham, se suicidaron –Benjamin en 1808 y Abraham en 1810–, habiendo suscrito créditos que no se podían pagar debido a hundimientos del mercado. El negocio familiar fue salvado por el hijo de Asher Goldsmid, Isaac Lyon Goldsmid, que llegó a ser uno de los principales financieros de la City gracias a una asociación con los hermanos Baring. Francis Baring (1740-1810) era nieto de un pastor luterano de Bremen. Desde el principio, la City de Londres tuvo este sabor cosmopolita, y el éxito de su mercado de capitales se debió en gran medida a que trascendió las mezquinas fronteras nacionales. Sin embargo, no se habría ganado nada de dinero de no ser por las inversiones reales en artículos manufacturados o importados que la gente necesitaba o quería comprar. El desarrollo de los muelles, y la construcción de los muelles cerrados en la City, por William Jessup y Ralph Walker en la isla de Dogs y por William Vaughan en Wapping, con dársenas separadas para la importación y la exportación, fue un ingrediente vital del éxito comercial de Gran Bretaña.[2]

Sin embargo, a pesar de su riqueza y su tamaño, Londres, incluso al consolidarse como primera capital del mundo, se resistió a la remodelación general que experimentó, por ejemplo, París, primero en el período napoleónico y después en la época del barón Haussmann, en la que se hicieron surgir por la fuerza bulevares y avenidas, sin consideración para las casas, tiendas o jardines que se interponían en su camino. La suave curva de la Regent Street de John Nash cuenta su propia historia. Sir John Summerson (*Georgian London*, p. 168) dice que «esta gran avenida es única en la historia de la planificación urbana. Su asombrosamente acertada combinación de formalidad y oportunismo pintoresco no habría podido darse en ningún otro sitio y en ninguna otra época más que en la Inglaterra del período del pintoresquismo».

Su posición estuvo determinada por los inexpresivos y confusos márgenes del Soho propiamente dicho por el lado este y las lujosas mansiones de Mayfair. Jo Mordaunt Crook complementa la visión de sir John Summerson con su expresivo comentario de que «el sinuoso recorrido de Regent Street no era la línea de belleza de Hogarth, sino la línea de máximo beneficio del constructor». La idea original de Nash, que se la confió a su patrocinador real, el príncipe regente, había sido reconstruir el centro de Londres a escala parisina, con un gran bulevar central y recto, flanqueado por monumentos, que se extendería desde Carlton House, la residencia palaciega del príncipe al borde de Saint James Park, hasta el recién diseñado Regent's Park, al norte. New Street (que es como se iba a llamar Regent Street) pasaría por tres ejes, Piccadilly Circus, Oxford Circus y Regent Circus, con una plaza y una enorme columnata. El coste de todo ello era prohibitivo, y habría que esperar a que vencieran los arrendamientos de terrenos de la Corona antes de empezar a construir según el plan fijado.

En una fase bastante avanzada del plan, se diseñó e incorporó la iglesia de All Souls (Todos los Difuntos) en Langham Place, en parte como centro de culto y en parte como atractivo visual. La curva de Regent Street que va hacia el norte queda muy embellecida por este elegante edificio, con su afiladísima aguja. Y en el pórtico está el busto de John Nash, su arquitecto e inspirador general de este nuevo Londres. Muchos arquitectos y diseñadores contribuyeron a remodelar el Londres de la Regencia –Smirke, Repton, Decimus Burton–, pero fue Nash el gran planificador urbano, y a Nash debemos en gran medida la bella grandeza estucada en color crema de Portland Place, y al norte la rica variedad de fantasía arquitectónica de Regent's Park, que culmina en la parte alta con el Parque Zoológico y las residencias de Park Village East y Park Village West.

Los parques del Londres del siglo XIX reflejaban el alba de la democracia. A medida que llegaba más y más gente a la metrópoli, se percibía con más fuerza la necesidad de los «pulmones» que representaban los parques. Además de ser sitios para pasear u oír música, los parques de Londres se convirtieron en los jardines del pueblo. En 1843, el *Gardener's Chronicle* comentaba que, «como estaba previsto, poner nombres a los árboles y arbustos de Kensington Gardens ha tenido un efecto beneficioso sobre la mente del público, despertando la curiosidad y la afición a las cuestiones botánicas y hortícolas, hasta tal punto que los caballeros van directamente de los parques a los viveros».[3]

Regent's Park, desde su inauguración tras el vencimiento de un arrendamiento de tierra agrícola en 1811, fue para el público un lugar de deleite hortícola, zoológico y visual. Cuando se inauguró el Parque Zoológico en 1828, con construcciones de Decimus Burton, recibió treinta mil visitantes en los siete primeros meses. Sin embargo, la forma general del parque, con sus medias lunas, su círculo interior, sus matorrales y paseos, su estanque para barcas y sus montículos (formados simplemente con lo que había sobrado de la construcción de las terrazas que los rodean) y sus refrescantes ilusiones de «el campo en la ciudad» (*rus in urbe*), fue producto de la inspiración de un hombre: John Nash.

A Nash debemos el contorno del West End. La residencia del príncipe regente, Carlton House, donde se habían gastado riquezas sin cuento en sus extravagantes interiores dorados, fue demolida, y Nash reconstruyó Buckingham House como residencia real. A Nash siempre se le agotaba el dinero para sus grandes proyectos. Su enorme Monumento a Waterloo no se llegó a construir, pero fue él quien diseñó Trafalgar Square. En su centro se alza el monumento más famoso de Londres, la columna de Nelson, cincuenta y un metros de granito de Devon rematados por una estatua de bronce de más de cinco metros del héroe de Trafalgar. La columna es obra de William Railton, y la estatua de E. H. Baily. Resulta muy significativo que la capital británica tenga en su centro emocional y turístico un monumento dedicado no a un político, un dictador o un rey, sino a un gran héroe naval, y además un héroe cuya irregular vida privada contribuyó enormemente a su popularidad. Esta, dice el monumento, nunca ha sido una capital gobernada por dictadores. Es una capital mercantil y comercial, protegida por la condición insular e independiente de Gran Bretaña.

En lo alto de Trafalgar Square, Nash había pensado al principio construir una hilera de grandes mansiones como las de Regent's Park, pero después a alguien se le ocurrió la brillante idea de alojar allí la colección de pinturas que había pertenecido al comerciante ruso John Julius Angerstein y que había sido comprada para la nación por sir George Beaumont y el rey Jorge IV. Pero la National Gallery de William Wilkins es un edificio vulgar, uno de los fracasos arquitectónicos de Londres, con una cúpula demasiado pequeña y con una altura y unas proporciones penosamente discordantes en el alzado que da a la plaza.

No se puede decir lo mismo del British Museum, que se había fundado en el siglo XVIII para alojar diversas colecciones, como la Biblioteca del Rey, la colección de jarrones antiguos de sir William Hamilton y la de esculturas antiguas de Charles Towneley. En 1816, lord Elgin, a altísimo precio y con riesgo de su vida, había rescatado los mármoles del Partenón de Atenas, que las autoridades turcas habían dejado envecejer sin someterlos a restauración. (Se arruinó con la compra de estos frisos, aunque muchas veces es calumniado por periodistas que dicen que los robó.) Era preciso construir un edificio digno de las obras maestras atenienses, y se encontró el arquitecto perfecto en Robert Smirke. El British Museum es tan glorioso como vulgar es la National Gallery. (Hasta 1852-1857 no se transformó el patio en la sala de lectura circular, tan apreciada por Thomas Carlyle, Karl Marx y George Bernard Shaw.) La llegada de los mármoles del Partenón, en un período de la historia en que no existía ningún país como la antigua Grecia, fue uno de los momentos de gloria del resurgimiento griego en Londres.

La iglesia parroquial de Saint Pancras, de H. W. y W. Inwood, con sus imponentes cariátides dominando el porche, el Athenaeum Club de Decimus Burton, adornado con su friso y su gran estatua dorada de la diosa Atenea sobre el porche, o su fachada jónica en Hyde Park Corner, la Real Casa de la Moneda de Smirke y el gran arco de Philip Hardwick en Euston Station (imperdonablemente demolido por la compañía nacional de ferrocarriles, la British Rail, en 1964), son algunas de las mejores manifestaciones del helenismo británico. Cuando volvían la mirada hacia Atenas, una pequeña ciudad-estado del siglo IV a.C. dominada por una oligarquía de personas inteligentes e instruidas y protegida por heroicos soldados y marinos, veían un reflejo del modo en que les gustaría verse a sí mismos. El centro de la riqueza de Londres, y símbolo de su condición independiente, el Banco de Inglaterra mismo, fue reconstruido por sir John Soane en su personalísima, por no decir excéntrica, versión del estilo griego, aunque solo conocemos sus grandes interiores, su cúpula y sus cariátides por fotografías, ya que fue vandálicamente reformado durante el programa de reconstrucción entre 1925 y 1939. (Sin embargo, la propia casa de Soane sobrevive como Museo de sir John Soane en el número 13 de Lincoln's Inn Fields, uno de los grandes monumentos a la excentricidad humana que Londres puede presentar. Si yo tuviera que enseñarle al turista una sola cosa de la capital, sería esta.)

El primer alcalde democráticamente elegido de la capital, Ken Livingstone, elaboró en 2002 un ambicioso plan para Londres. Será objeto de algunas reflexiones al final de este breve libro. Ha prometido que si Londres tiene problemas, el alcalde, según una de sus expresiones favoritas, los «abordará». La «discriminación» y las «privaciones» desaparecerán bajo la mirada benigna de la democracia, mientras se va construyendo «un Londres más accesible para las personas incapacitadas».

Probablemente, el Londres de John Nash y de Jorge IV, del niño Dickens y del viejo William Blake era muy discriminatorio, despiadado con los pobres y los impedidos, y nada dispuesto o incapaz de «abordar» sus problemas. Para Blake, sus fábricas eran «satánicas», y cuando paseaba por sus calles comerciales «cerca de donde fluye el Támesis comercial», veía «señales de debilidad, señales de dolor» en los habitantes. Pero también fue una época de magnificencia y belleza, cuando Londres bullía no solo de riqueza sino también de ingenio e inteligencia. Cuando Wordsworth, un año antes de comentar que «el mundo no puede enseñar nada más bello» que Westminster a primera hora de la mañana, invitó a Charles Lamb a alojarse en el Lake District,* Lamb respondió:

> No me importa mucho si no veo una montaña en mi vida. He pasado todos mis días en Londres, hasta establecer tantos y tan intensos lazos con esta ciudad como los que puede haber formado cualquiera de ustedes, los montañeros, con la Naturaleza inerte. Las tiendas iluminadas del Strand y de Fleet Street; los innumerables comercios, comerciantes y clientes, los coches, los carros, los teatros; todo el bullicio y la malicia de los alrededores de Covent Garden; las mujeres mismas de la ciudad; los vigilantes, las escenas de borrachos, el barullo; vida despierta, si tú estás despierto, a todas horas de la noche; la imposibilidad de aburrirse en Fleet Street; las multitudes, el polvo y el barro mismos, el sol brillando sobre casas y pavimentos, las imprentas, los puestos de libros viejos, los parroquianos regateando el precio de los libros, los cafés, el vapor de sopa que sale de las cocinas, las pantomimas –Londres mismo es una pantomima y una mascarada–, todas esas cosas se meten en mi mente y me alimentan sin poder saciarme.

Si estos placeres estaban a disposición de cualquiera que paseara por las calles con ojos y oídos tan atentos como los de Lamb, la vida en las casas de los ricos y los

* Bella región montañosa del noroeste de Inglaterra, con abundantes lagos y un parque nacional. (*N. del T.*)

grandes era completamente diferente. Spencer House, con vistas a Green Park y ahora abierta al público, es la última gran mansión aristocrática que ha sobrevivido en Londres. Holland House, en el parque del mismo nombre, fue destruida por una bomba en la Segunda Guerra Mundial. Es difícil imaginar reuniones sociales más divertidas o más envidiables que aquellas a las que asistieron el joven Thomas Babington Macaulay y el viejo Samuel Rogers, el banquero poeta, en Holland House: «Desayunábamos un café muy bueno, y un té muy bueno, y huevos muy buenos, mantequilla conservada en hielo y panecillos calientes». En la década de 1830, la conversación versaba muchas veces sobre figuras del pasado de la casa Holland. Entre tanto ingenio y risas, chistes y juegos de palabras, los retratos de Lawrence contemplaban un conjunto de personas que se iban quedando obsoletas. Se recordaba a Byron, a sir Walter Scott y a Charles James Fox, pero estaba naciendo un nuevo mundo. Y cuando la reina Victoria ascendió al trono en 1837, ese nuevo mundo ya estaba definitivamente en marcha.

9

El Londres victoriano

En *Dombey e hijo* hay una inolvidable descripción de la devastación provocada en Camden Town por la llegada del ferrocarril:

> Justo en esta época, la primera onda de un gran terremoto había desgarrado todo el barrio hasta el centro mismo. Las huellas de su paso eran visibles por todas partes. Casas derribadas, calles levantadas y cortadas, profundas zanjas y fosos excavados en el suelo, enormes montones de tierra y arcilla abandonados, edificios que habían quedado socavados y temblaban, apuntalados por grandes vigas de madera…
>
> Por todas partes había puentes que no llevaban a ninguna parte, pasajes por donde no se podía pasar, chimeneas como torres de Babel a las que les faltaba la mitad de su altura, casas provisionales de madera y cercas en las situaciones más absurdas, esqueletos de viviendas en ruinas y fragmentos de muros y arcos sin terminar, y montones de andamios y selvas de ladrillos, y las gigantescas formas de las grúas y andamios montados sobre la nada.

No hace falta mucha imaginación ni grandes dotes de detective, cuando uno pasea por el Londres del siglo XXI, para ver cuánto se construyó durante el reinado de la reina Victoria: desde el Parlamento gótico de Charles Barry (exóticamente amueblado y decorado por Augustus Welby Pugin) hacia fuera, hay kilómetros de suburbios de ladrillo, en dirección norte, sur, este y oeste. Al comienzo del período, los ferrocarriles abrieron profundas mellas en las calles y plazas georgianas y en los suburbios y aldeas del extrarradio. Después vinieron el ferrocarril subterráneo y un complejo sistema de alcantarillado. Después, más y más construcciones especulativas, más y más extravagancias. El Londres victoriano estaba permanentemente en obras. Su población aumentó vertiginosamente: aproximadamente un millón en 1801, cuatro millones y medio en 1881. Solo en la década de 1840, el período del hambre en Irlanda, que mató a más de un millón de personas, el 17 por ciento de los habitantes de Londres eran inmigrantes. En aquella década llegaron a Londres 330.000 personas.

Dickens, también en *Dombey e hijo*, habla evocadoramente de los miles de personas que hacían el viaje a pie por carreteras embarradas,

> y los que, cansados y con los pies doloridos y mirando con miedo la enorme ciudad que tenían delante, como anticipando que allí su miseria sería como una gota de agua en el mar, o como un grano de arena en la playa. [...] Tragados en una u otra fase de su inmensidad, hacia la que parecían impelidos por una desesperada fascinación, nunca volvieron. Carne para los hospitales, los cementerios, las prisiones, el río, la fiebre, la locura, el vicio y la muerte... siguieron andando hacia el monstruo que rugía en la distancia y se perdieron.

La era del ferrocarril hizo Londres y lo deshizo. A mediados del siglo XIX, una complicada red ferroviaria conectaba Birmingham, las Midlands, East Anglia, Escocia y Gales con la metrópoli, de un modo que ni siquiera se podía soñar en el siglo XVIII. La destrucción descrita por Dickens afectó principalmente a los pobres. Las compañías ferroviarias no podían permitirse adquirir las propiedades de los ricos para excavarlas, y una Real Comisión Parlamentaria prohibía construir una estación terminal dentro de la zona central definida por Marylebone Road, City Road, Finsbury Square y Bishopsgate Street.

Aproximadamente la mitad de los peones que construyeron los ferrocarriles eran irlandeses. Estaban mal pagados y su trabajo y condiciones de vida eran duros: era habitual separar familias, obligando a los hijos de los peones a vivir en dormitorios mientras sus padres vivían en barracones con otros hombres. Los irlandeses que construyeron el gran torniquete al pie de Haverstock Hill conocido como la Roundhouse (ahora es un teatro) protagonizaron una violenta revuelta en 1846.

El tumulto tuvo lugar en la media milla de la antigua Hampstead Road conocida como Chalk Farm Road, en el caluroso agosto de 1846, en el momento culminante de la hambruna en Irlanda. El domingo 9, el guardia ferroviario número 145 vio un numeroso grupo de peones irlandeses intentando entrar en una obra donde trabajaban albañiles ingleses. A estas alturas es imposible saber con exactitud cómo estalló la pelea y por qué, ya que cuando los peones comparecieron ante el magistrado de Marylebone no se les permitió presentar ninguna prueba ni alegatos extensos en su defensa. Los irlandeses, que habían estado trabajando cerca de la estación de Primrose Hill, avanzaron para atacar a los albañiles ingleses. ¿Es posible que aquellos hombres, cuyos familiares en Irlanda estaban pasando hambre, creyeran que los ingleses les estaban quitando el trabajo? Hubo gritos de «¡Matad a los **** protestantes!» por un lado y de «¡Asesinos!» por parte de una señora de Chalk Farm Road que vio desde su ventana la batalla callejera que se libró durante más de una hora entre cientos de obreros que se golpeaban con palas y picos. La policía fue rechazada a golpes y no pudo hacer nada por contener la violencia. Solo cuando esta estaba amainando pudo detener a veinte irlandeses y llevarlos a la comisaría de Albany Street. Se resistieron de tal modo que hicieron falta siete agentes para inmovilizar a un solo hombre.

Para las autoridades este fue un incidente preocupante, entre otras cosas porque demostraba que, en caso de necesidad, el proletariado descontento podía rebelarse, y poco podría hacer la policía contra ellos. La Policía Metropolitana había sido fundada por sir Robert Peel en 1829, y en 1846, en esta primera prueba importante de su fuerza, había fracasado.

Cuando el movimiento cartista cobró fuerza en 1848, el gobierno no quiso correr riesgos. La estación de Waterloo fue acordonada por el ejército para que se pudiera sacar a la familia real de la capital en tren y enviarla a su residencia en la isla de Wight. Lord Fitzroy Somerset movilizó a 7.122 soldados, incluyendo caballería, 1.231 reservistas del ejército, 4.000 policías y no menos de 85.000 agentes especiales. La manifestación programada para el 10 de abril de 1848 tenía por objeto pedir el voto parlamentario para todos los hombres del país. La aristocracia whig sabía cómo defender a los suyos, y había formado una poderosa alianza con los intereses financieros de la City y con los numerosos propietarios londinenses dueños de pequeños negocios, tiendas y casas. Los cartistas habían esperado que se congregaran más de 100.000 personas para marchar hasta el Parlamento y presentar su petición, pero solo se presentaron unas 20.000 y el acto fue como un cohete con la pólvora mojada. Pero el gobierno había demostrado su fuerza: el British Museum, el Banco de Inglaterra y Somerset House se protegieron con sacos terreros y una nutrida guardia de hombres armados.

El contraste entre París y Londres –o entre Londres y muchas de las principales capitales europeas– en este «año de revoluciones» es muy acusado. A pesar de la lamentable situación de los pobres de Londres, esta siguió siendo una ciudad de gente con aspiraciones, en la que los habitantes del arroyo aspiraban a ascender. Sorprendentemente, entre las clases trabajadoras de Londres hubo muy poco entusiasmo por el cartismo o por cualquiera de los posteriores movimientos radicales.

«Me tiene sin cuidado la política, pero soy cartista», le dijo un hombre que vivía de recoger basura en las calles a Henry Mayhew, el periodista cuyas crónicas de lo que casi podríamos llamar la ecología de la vida callejera de Londres nos ofrecen una valiosísima visión de la existencia de los que se buscaban la vida como fuera en Londres en la década de 1840. En sus páginas encontramos a los ciegos que vendían agujas de sastre, los *screevers* (mendigos que escribían falsas notas describiendo sus penalidades y se las ponían en la mano a los transeúntes), los vendedores de pasteles, gotas para la tos, bollos, helados, matarratas, pieles de liebre, pájaros vivos... Leyendo a Mayhew nos damos cuenta de que apenas existe un desperdicio tirado por una persona que no se pueda vender a otra. No solo vemos a los vendedores de ropa de segunda mano, sino a vendedores de grasa, pringue de carne, trapos y botellas viejas.

También describe el antisemitismo de los londinenses contra los aproximadamente 18.000 judíos, casi todos muy pobres, que vivían en la capital.

> Durante el siglo XVIII fueron considerados –con esa exageración en las creencias típica de toda comunidad ignorante– como un pueblo formado enteramente por avaros, usureros, extorsionistas, receptadores de artículos robados, tramposos, patrones de burdeles, recaudadores de impuestos, comisionistas y explotadores que se quedaban con el dinero de la nación, como gerentes de casas de juego; en general, se les achacaba, o más bien se los acusaba de practicar, todos los oficios deshonrosos y ningún otro. Que había cierta base para estas acusaciones, y la sigue habiendo, no lo puede negar ningún judío razonable; igualmente indiscutible es que los prejuicios generalizados contra ellos eran absurdos.

El Fagin creado por Dickens encaja en este estereotipo antijudío; y es posible que el lector moderno se escandalice ante el antisemitismo descarado y sin contemplaciones de, por ejemplo, Charles Lamb o William Makepeace Thackeray. En Mayhew lo sentimos como parte del inevitable patetismo y malestar que se genera cuando los seres humanos viven hacinados en condiciones de superpoblación, muchas veces mal avenida.

La superpoblación dio lugar a condiciones de vida espantosas, terribles congestiones de tráfico y propagación de enfermedades. Los médicos de principios del período victoriano, como Thomas Wakley (que además era miembro del Parlamento y forense, y fundó *The Lan-*

cet) o John Snow (pionero, entre otras cosas, del uso del cloroformo para aliviar los dolores de parto; la reina Victoria fue paciente suya) fueron pioneros de las mejoras sociales. Las autoridades del gobierno odiaban a Wakley por hacer público el grado de incidencia de las enfermedades. Por ejemplo, aunque el número de muertes registradas entre octubre y diciembre de 1847 fue muy superior al normal, las actas de mortalidad, que era como se llamaban los certificados de defunción, no mencionaron ni un solo caso de cólera, que era la verdadera causa. La epidemia de cólera mató a decenas de miles de personas. En 1849, 14.000 londinenses murieron de cólera, y en 1854, 10.000, pero las compañías privadas del agua seguían suministrando a sus clientes agua del Támesis para beber. En 1866 murieron de cólera 6.000 londinenses.

Por entonces, Edwin Chadwick, autor de *Report on the Sanitary Conditions of the Labouring Population* (1842), llevaba un cuarto de siglo haciendo campaña a favor de un alcantarillado subterráneo decente. Fue la colaboración entre Chadwick y Snow lo que condujo a la creación de las alcantarillas de Londres, uno de los triunfos de la ingeniería victoriana. Las tuberías de hierro colado, que corrían muy por debajo de las calles de Londres, garantizaron que incluso durante los peores bombardeos de la Segunda Guerra Mundial los londinenses pudieran contar con agua potable limpia. Hay más de 640 kilómetros de tuberías en el principal sistema de desagüe de Londres, y unos 4.000 kilómetros de tuberías secundarias. El sistema de bombeo necesario para purificar las aguas residuales no se perfeccionó hasta el siglo XX, pero la infrestructura básica de las alcantarillas de Londres, que salvó miles de vidas humanas y mejoró en gran medida la existencia cotidiana de los habitantes de la ciudad, fue un logro, en primer lugar, de los pioneros sociales como Chadwick y Snow, y también, con la misma importancia, de la competencia del ingeniero Joseph Bazalgette.

Además de construir muchos kilómetros de alcantarillas con ladrillo de Londres, Bazalgette construyó también las grandes canalizaciones de granito de Albert, Victoria y Chelsea. El visitante que llega hoy a Londres lamenta en ocasiones que sea tan difícil llegar a la orilla del río que pasa por su centro. Esta queja no era corriente en tiempos de Bazalgette. Disraeli describió el Támesis como «una charca estigia con horrores indescriptibles e insoportables». Por una vez, no exageraba. El Parlamento, construido tan pintorescamente a la orilla del agua, tenía que cerrar de vez en cuando porque el hedor era insufrible.

Si las alcantarillas nacieron de la necesidad, lo mismo ocurrió con otro milagro de la ingeniería victoriana en Londres: el ferrocarril subterráneo. El centro de la ciudad estaba demasiado repleto de gente, era demasiado caro y estaba demasiado congestionado de tráfico de caballerías como para permitir la construcción de un ferrocarril de superficie. Pero cada vez eran más las personas que trabajaban en Londres y tenían que vivir en los suburbios, que no dejaron de expandirse durante el período victoriano. La solución obvia era construir ferrocarriles subterráneos. La primera línea subterránea, la Metropolitan, con trenes de vapor, se inauguró en marzo de 1863. Recorría seis kilómetros y medio, desde Paddington hasta Farringdon Street. Charles Pearson, concejal del ayuntamiento de Londres, fue el hombre que tuvo la brillante idea. Lo más extraordinario es que empezó a recomendar la idea en la década de 1830, cuando advirtió los problemas que iba a generar el aumento de población de Londres. Los primeros trenes (que los londinenses llamaban «el Underground» ya antes de la inauguración en marzo de 1863) estaban iluminados con gas.

Después de unos cuantos desastres –hundimientos, una inundación causada por el río Fleet cerca de la estación de Farringdon durante la construcción y altísimas indemnizaciones reclamadas por los que aseguraban que sus edificios estaban siendo socavados por el ferrocarril–, se construyó el «tube», basado en un sistema de túneles de protección ideado por Marc Brunel en 1818. Isambard Brunel utilizó este sistema de tunelación para su túnel bajo el Támesis, construido en 1843, y para la primera línea del ferrocarril subterráneo de tipo tubular (a diferencia del método de «abrir y tapar» utilizado en la línea Metropolitan de 1863), entre Tower Hill y Bermondsey, inaugurada en 1870. Esta ya funcionaba por cable. James Greathead, viendo el potencial del «tube», construyó el primer ferrocarril subterráneo eléctrico del mundo, que iba de la City al sur de Londres, en 1890.

Se podría decir que los victorianos dieron muestra de sus mejores facultades en la construcción del alcantarillado y del ferrocarril suburbano. Aquí vemos esa combinación típicamente victoriana de interés por el público y deseo de mejorar la suerte de la raza humana, junto con el ingenio y la habilidad de los ingenieros y la determinación de hacer realidad una idea brillante.

Pero su mentalidad independiente se manifestaba también en sus recelos hacia el gobierno, los entrometimientos, la interferencia del Estado. El voluntarismo con que se resolvían o no se resolvían los asuntos de Londres tuvo consecuencias desdichadas, y Londres aún tiene que soportar algunas de ellas.

La Corporación de Londres, un organismo no elegido y a veces corrupto (en aquellos tiempos), solo era responsable de la milla cuadrada y de las otras partes de la capital que eran propiedad o estaban arrendadas por empresas de la City o por la Corporación misma. Joshua Toulmin Smith, autor de *The Metropolis and its Municipal Administration* (1852), argumentó apasionadamente que el ayuntamiento de Londres no debía ser obligado a cumplir la Ley de Sanidad Pública. Este espíritu independiente retrasó las reformas sanitarias de Chadwick y costó muchas vidas, segadas por el cólera.

En las nueve primeras décadas del siglo XIX, Londres nunca tuvo un organismo electo que se responsabilizara de garantizar que su transporte, sus colegios, sus hospitales, sus viviendas y sus saneamientos fueran adecuados para las necesidades de sus habitantes. Entre las antiguas ciudades de Londres (la milla cuadrada) y Westminster había un caos de barrios y antiguas aldeas. La planificación urbana era inexistente. El vandalismo arquitectónico resultante deja consternado al lector del siglo XXI.

Los constructores especuladores victorianos destruyeron más iglesias de Wren que la Luftwaffe. *The Builder* proclamaba con orgullo: «La Iglesia tiene que dejar paso al comercio, las propiedades eclesiásticas en calles estrechas se están comprando y su lugar es ocupado por amplias avenidas flanqueadas por nuevas estructuras». Esto ocurría en 1881.

Saint Bartholomew-by-the-Exchange fue demolida entre 1840 y 1841 para dejar paso a la nueva Bolsa (Royal

Exchange). Saint Benet, Gracechurch Street, se demolió entre 1867 y 1868; el *Illustrated London News* se congratulaba de la desaparición de su «fea aguja». Saint Benet Fink desapareció en la década de 1840, y en 1894 se retiraron las últimas ruinas y restos de Saint Clare Minoresses, a las afueras de Aldgate (los edificios que quedaban del convento habían sido destruidos por un incendio en 1797); Saint Dionis Backchurch, donde el doctor Burney había sido organista en 1749-1751, fue demolida en 1878. Saint George, Botolph Lane, fue derribada en una fecha tan tardía como 1904; Saint James in the Wall, en 1872; Saint Martin Outwich (una iglesia medieval que había escapado al Gran Incendio y se reconstruyó en 1765) se echó abajo en 1874; Saint Mary Somerset (una de las mejores obras de Wren) se demolió en cumplimiento de una Ley Especial del Parlamento en 1872; Saint Matthew, Friday Street, una pequeña y encantadora iglesia de Wren, desapareció en 1881; Saint Michael Bassishaw, en 1889; Saint Michael, Wood Street, en 1894; Saint Olave Old Jewry, una iglesia de Wren de gran interés histórico con sus orígenes en el siglo XII, fue destruida en 1888.

No exageramos al hablar del odio victoriano al pasado, sobre todo al del siglo XVIII. Pensemos en las descripciones que hace Dickens de la casa del señor Dombey en la elegante Portman Square: la ve tan fea (lo mismo que Tennyson opinaba de las magníficas terrazas de la elegante Wimpole Street) como «la larga y antiestética calle» de *In Memoriam*. Donald J. Olsen, en *The Growth of Victorian London*, escribió:

> Si a la Regencia le gustaba el estuco liso, los victorianos produjeron las superficies de piedra más rugosas posi-

> bles; si los georgianos preferían los discretos ladrillos grises, los victorianos utilizaron los ladrillos rojos más llamativos que pudieron conseguir; si los georgianos querían fachadas comedidas y uniformes, los victorianos se regodearon en los azulejos vidriados y polícromos; si los georgianos admiraban las cornisas planas que remataban sus edificios, los victorianos buscaron perfiles quebrados; si los georgianos deseaban uniformidad, los victorianos exigían variedad.

Los monumentos arquitectónicos que nos han dejado dicen mucho sobre la múltiple personalidad victoriana, que tan pronto construía una estación de ferrocarril gótica como Saint Pancras, como bloques de apartamentos o tiendas al estilo «reina Ana».

Con la facilidad de desplazamiento que ofrecían los ferrocarriles, aumentó el número de hoteles. El Great Western Royal Hotel de Philip Hardwick en la estación de Paddington (1854) era parte inseparable de los viajes en tren hacia el oeste. Hasta hace muy poco se podía ir andando directamente desde el hotel hasta el andén de la estación. Además de los grandes hoteles de estación, esta fue la época de los hoteles dentro de la misma metrópoli. Hasta entonces, solo los aristócratas o sus imitadores alquilaban casas enteras para la «temporada», trayendo desde el campo a sus sirvientes y su séquito. Ahora, cualquiera dispuesto a pagar podía llegar y alojarse en Londres «sin conocer a nadie». El Westminster Palace Hotel de Victoria Street abrió sus puertas en 1860, con trescientas habitaciones, catorce cuartos de baño y los primeros ascensores de Londres. A finales de siglo, Richard D'Oyly Carte, enriquecido por el éxito de las óperas de Gilbert y Sullivan, que él había gestionado y producido, construyó el legendario hotel Savoy, con luces eléctricas, ascensores y toda clase de lujos, y en 1899 Cesar Ritz había inaugurado el hotel Carlton en Haymarket; el hotel que lleva su nombre se inauguró en 1906.

El hotel era una institución profundamente victoriana, refugio natural de la familia en movimiento, del viajante comercial, de la relación clandestina y de la vida oculta. Como dice Oscar Wilde en el poema de John Betjeman, antes de su detención en el hotel Cadogan de Chelsea,

Un abrigo de astracán está en Willi's,
otro está en el Savoy,
así que coge mi portamanteo de tafilete
y tráemelos más tarde, querido muchacho...

Los victorianos concedían mucha importancia al culto al hogar, y por esta razón necesitaban refugios fuera de él. Las sencillas casas de comidas y los cafés del período anterior sobrevivieron. Pero los restaurantes se hicieron muy populares, desde los más elegantes, como el café Royal de Regent Street (inaugurado en 1865), hasta los más bohemios, como el Kettner's, en el Soho. (Los dos existen todavía cuando escribo esto.)

Algunos restaurantes, como el Spiers o el Pond's Criterion de Piccadilly Circus, eran enormes. Ahora las mujeres ya podían comer fuera, solas o acompañadas por otras mujeres o por sus maridos. Además de los teatros, había otro cebo que atraía al centro a los habitantes de los suburbios: los grandes almacenes, que proliferaron y crecieron durante las dos últimas décadas del siglo XIX siguiendo los modelos de William Whiteley's (fundado en 1863), las Civil Service Stores (1865) y las Army and Navy Stores (1871). Los comercios de ropa más pequeños, como Swan and Edgar (1812), Dickins and Jones (comenzaron como Dickins and Smith en 1790) y Marshall and Snelgrove (1837) crecieron para poder competir con sus rivales. Harrods, una pequeña tienda de comestibles que había empezado en el East End, se trasladó a Knightsbridge y se convirtió en una institución, ofreciendo servicios como una biblioteca que prestaba libros, un banco y una funeraria. Tal como comentó Osbert Lancaster, «todas las mujeres de mi familia tenían sus grandes almacenes favoritos, donde algunas de ellas habían sido clientas de honor durante más de medio siglo y su llegada era acogida con frenéticas reverencias por parte de los dependientes con levita [...] Para mi tía-abuela Bessie, las Army and Navy Stores cumplían todas las funciones del club de su marido» (*All Done from Memory*, p. 35).

Los clubes para hombres florecieron como nunca. A finales del siglo XIX, el ascenso social era una forma tan universal de ejercicio que había una constante demanda de establecimientos que se preciaran de ser exclusivamente para caballeros. Así como las «escuelas públicas» con pretensiones de grandeza, como Eton y Harrow, habían generado cientos de imitadores para los que estaban más abajo en la escala social, clubes como White's y Brook's tuvieron multitud de imitadores, algunos para oficiales del ejército, otros para funcionarios civiles, otros para la gente de a pie con aspiraciones o los bohemios. Todos servían para definir la personalidad de los que solicitaban ser miembros, y todos eran maneras de escapar del hogar.

El hogar ya no tenía que ser una casa en unos suburbios en constante crecimiento. Así como ahora se podía trabajar en un bloque de oficinas construido *ex profeso* (y casi con seguridad levantado en el solar de alguna encantadora terraza georgiana o una iglesia de Wren), el hogar podía estar en un apartamento. La francofobia hizo que los ingleses tardaran en copiar el gusto parisino por vivir en apartamentos, pero su carácter práctico y económico y su oferta de intimidad eran tentadores. A mediados de la década de 1850, tres cuartas partes de los londinenses vivían hacinados en casas de huéspedes de un tipo u otro. A finales de la década, el número se había reducido mucho, y los londinenses empezaban a llevar la vida reservada que ahora es su norma, con su multitud de viviendas con puerta propia.

A finales de siglo, los bloques de apartamentos de lujo dominaban Victoria Street, el Embankment de Chelsea, Cadogan Square, Kensington High Street y gran parte de Bloomsbury. Estas amplias y aisladas residencias no eran ermitas. Todas tenían habitaciones para los sirvientes. Más del 20 por ciento de los londinenses trabajaba en el servicio doméstico, y este era un modo obvio de alojar a los pobres. Si había que elegir entre la habitación de una doncella en Pont Street, Knightsbridge, y un cuarto compartido en alguna miserable casa de huéspedes de Wapping o de Hackney, no es difícil saber qué opción era la más confortable.

El fracaso de Londres a la hora de abordar los problemas de los pobres, y en particular su necesidad de alojamiento, fue un escándalo victoriano que generaciones de filantropía no lograron cambiar. El alojamiento barato ofrecido por filántropos particulares como la baronesa

Burdett-Coutts o el Peabody Trust (fundado por el norteamericano George Peabody, que había quedado impresionado por la obra de lord Shaftesbury en favor de los desposeídos) simplemente no podía estar a la altura de la demanda y del número de personas que necesitaban alojamiento.

No tiene nada de extraño que los pobres buscaran refugio, cuando podían, en el pub, y no tiene nada de extraño que gran parte del humor de los *music halls*, que comenzaron su existencia en los pubs, versara sobre borracheras, desahucios y las humillaciones sexuales que se sufren en dichas circunstancias. Marie Lloyd, una de las grandes intérpretes de la escena inglesa, se llamaba en realidad Matilda Alice Victoria Wood y nació en el 36 de Plumber Street, en el barrio bajo de Hoxton. Murió en 1922. Sus cínicas canciones de borrachos hablaban del mundo en el que ella y su público se veían obligados a habitar por sus circunstancias económicas.

Hasta 1889, Londres no tuvo por fin una autoridad local propia debidamente elegida, comparable a las autoridades cívicas que habían transformado Birmingham, Bradford o Leeds en ciudades que empezaban a resolver algunos de sus peores problemas sociales. En la década de 1870, el alcalde radical de Birmingham, Joseph Chamberlain, disponía de poderes para subir los impuestos, municipalizar los servicios públicos y solicitar créditos para planes de obras públicas. En Londres no existía ningún organismo así hasta que se estableció el London County Council (LCC).

Desde el principio, el gobierno central lo observó con gran recelo. Los liberales o progresistas, como se llamaron en las elecciones, ganaron el control del primer

LCC a los moderados (o conservadores) en enero de 1889. El gobierno central, conservador, hizo todo lo que pudo, bajo la dirección del cínico lord Salisbury, por impedir el funcionamiento del LCC, creando veintiocho distritos metropolitanos cuyas juntas y consejos de gobierno eran autónomos. El gas, el agua y la electricidad no estaban en manos del LCC, y tampoco había al principio ninguna autoridad encargada del saneamiento, la limpieza de las calles, la recogida de basuras o el alcantarillado. No obstante, era un comienzo. El LCC gobernaba más de doscientos kilómetros cuadrados, estaba compuesto por 126 concejales (*councillors*) elegidos cada tres años y 21 ediles (*aldermen*) elegidos por los primeros para períodos de seis años. Era la primera vez, desde el Londinium romano, que había una sola autoridad intentando controlar y administrar el caos que se llamaba a sí mismo Londres.

Como capital de la nación, Londres era el lugar más obvio para ofrecer espectáculos y manifestaciones de patriotismo y logros nacionales. En 1851, en pleno Hyde Park, en el gran Crystal Palace de Paxton, se presentó al mundo la preponderancia de la industria británica en la Exposición Universal. Atrajo enormes multitudes y recaudó tanto dinero que con él se pudo construir la Albertópolis, el conjunto de edificios de South Kensington que incluye el Victoria and Albert Museum y el Royal Albert Hall, además de los museos de Historia Natural y de la Ciencia.

A finales de siglo, en 1887 y 1897, Londres fue escenario de los jubileos de oro y de diamantes de la reina, que se llevaron a cabo con gran pompa, desfiles militares y actos en la catedral de San Pablo. Pero cuando acudió al East End, la reina Victoria fue abucheada. Pero el acontecimiento que marcó el final de su reinado en Londres no fue el jubileo, sino la huelga portuaria, en la que treinta mil hombres renunciaron valerosamente a su paga y corrieron el riesgo de que sus familias pasaran hambre, declarándose en huelga y proclamando al mundo que no podían subsistir con los salarios que se les ofrecían. Reclamaban la principesca paga de seis peniques por hora.

Ahora, al pasar revista a lo que queda del Londres victoriano, podemos ponernos sentimentales ante sus reliquias arquitectónicas. El cristal coloreado o decorado, la caoba y el pino barnizados de los viejos pubs, el misterio con aroma a incienso de las iglesias de ladrillo, la cavernosa y catedralicia grandeza de la estación de Saint Pancras, pueden transportarnos a un onírico Londres victoriano en el que Sherlock Holmes viaja en cabriolé de alquiler a través de la niebla, y las doncellas, tras las contraventanas cerradas de sus alcobas, permiten que sus lascivos patrones desaten los lazos de sus corsés. No cabe duda de que se podía encontrar este tipo de diversiones. No cabe duda de que habríamos podido disfrutar de una cena en un club con Trollope, o salir silbando en plena noche después de asistir al estreno de *El Mikado* en el Savoy. Pero lo habríamos hecho sabiendo que en los arcos de la ribera del río había niños descalzos muriéndose de hambre. En la capital del imperio más rico que el mundo ha conocido había unos niveles de pobreza comparables a los de las zonas más depauperadas de África o América del Sur en el siglo XXI.

10

1900-1939

En 1932 se inauguró el Lordship Lane Recreation Ground en el suburbio norteño de Tottenham, un distrito de clase obrera al sur del White Hart Estate. La mitad de este terreno se dedicó a parcelas, pequeñas franjas de tierra donde la gente podía cultivar sus propias flores y hortalizas, construir cobertizos de madera para sus herramientas de jardinería o para sus aventuras amorosas, y gozar de la sensación de que, aunque tenían un espacio muy reducido para vivir, poseían un jardín. Tenían el cielo sobre sus cabezas y la tierra bajo sus pies. Esta sensación era –es– especialmente preciosa para los que viven en pisos o apartamentos.

Herbert Morrison (1888-1965) se convirtió en presidente del LCC en 1934, pero había participado activamente en la política de Londres desde su juventud, habiendo sido elegido secretario del Partido Laborista de Londres a los veintisiete años, en abril de 1915. Era el menor de los siete hijos de un policía alcohólico de Brixton y de Priscilla Lyon, hija de un instalador de moquetas del East End. Carecía de visión en un ojo debido a una infección sufrida en la infancia, que se habría podido curar fácilmente pero no recibió tratamiento. (Los amigos del colegio le llamaban «bola de grasa» a causa del aspecto muerto de su ojo malo.)

Morrison se convirtió en líder del Partido Laborista a nivel nacional, llegando a ser viceprimer ministro en el gobierno de Attlee, en 1945. No llegó a sus moderadas convicciones socialistas a través del movimiento sindical, del que no formó parte, ni de la intelectualidad de clase media formada en la universidad. Era director de edición del *Daily Citizen*, y adquirió su educación política, como muchos otros londinenses, leyendo los periódicos y asistiendo a mítines políticos y a discursos callejeros. Fue el oír hablar a figuras tan legendarias como Keir Hardie y George Bernard Shaw lo que le impulsó a ingresar en el Partido Laborista Independiente en 1906. Fue elegido miembro del Parlamento por Londres, y representó a Hackney South desde 1923 hasta 1929, habiendo sido alcalde de Hackney desde 1919. Como ministro del gobierno laborista de Ramsay Macdonald, era responsable del transporte, e introdujo la Ley de Tráfico de 1930 y la Ley de Transporte en Londres de 1933. Cuando Macdonald horrorizó a sus compañeros socialistas al formar un gobierno nacional en 1931, Morrison, tentado inicialmente a seguir en el poder, dimitió y perdió su escaño parlamentario… lo que le permitió concentrar sus energías en la política de Londres y el LCC.

El Lordship Lane Recreation Ground es un buen sitio para pararse a pensar en la carrera de Morrison y su variante londinense del socialismo. Uno de los sueños de Morrison, como presidente del LCC, era crear un cinturón verde alrededor de Londres, un «pulmón» para una ciudad superpoblada. El interés de Morrison en un sistema de transporte público coordinado se refleja también en Lordship Lane, pues aquí se construyó para los niños del White Hart Lane Estate una fantasía del orden socialista. Alrededor del estanque de barcas, del quiosco de la música y de las pistas de tenis, el superintendente de parques, G.E. Paris, F.Inst.PAFRHS, creó un proyecto de «zona modelo de tráfico» diseñada como una maqueta de un pueblo pero con calles de verdad, semáforos plenamente funcionales y coches a pedales que se podían alquilar por medio penique la media hora. Mediante señales de tráfico en miniatura se podían organizar atascos de tráfico creados artificialmente («Párese en la calle principal que tiene delante»). El día de la inauguración hubo un gran alboroto, y los periódicos locales publicaron que quinientos niños hicieron cola desde las ocho de la mañana para conseguir entradas.

Ahora, inevitablemente, de la Zona Modelo de Tráfico apenas queda nada. La red de calles ha sido víctima del vandalismo. Unos cuantos altozanos toscamente remodelados con tiras de neumáticos de automóvil intentan atraer a los aficionados a la ya declinante moda de la *mountain bike*. Cualquiera que cometa la temeridad de pasear hoy por el parque tiene más posibilidades de toparse con un maníaco sexual o con un heroinómano pinchándose que con el fantasma del ex taxista que, con su gorra de visera, dirigía el tráfico en 1938 y controlaba los semáforos Belisha.[1]

Morrison se había presentado a las elecciones para presidente del LCC con un programa de socialismo optimista: «¡Arriba las casas! ¡Abajo los barrios bajos!». En su primer mandato de tres años, el LCC dominado por los laboristas realojó a 34.036 personas, un número mucho mayor que el de los realojados por los anteriores consejos municipales. Entre 1936 y 1939 construyó una media de cuatro mil apartamentos al año, cuatro veces más de los que se habían construido al año entre 1930 y 1934. Entre 1934 y 1939, fueron realojadas casi veinte mil familias del este de Londres –Shoreditch, Stepney, Bethnal Green, Poplar, Bermondsey, Southwark–, pero solo se construyeron allí 4.500 nuevas viviendas del LCC. La tendencia era desplazar a las familias hacia el extrarradio, a la gran extensión de viviendas municipales y calles estrechas que caracterizaba al Londres de los años de entreguerras. No solo la clase obrera se desplazaba hacia el extrarradio. El avance en los transportes que se erigió en símbolo del cambio social fue la construcción de dos nuevas líneas eléctricas del ferrocarril metropolitano: a Watford, Amersham y Uxbridge en 1925 y a Stanmore en 1932.

Los corazones van alegres, los ojos brillan más
en Metrolandia, Metrolandia,

decía la letra de una canción de George R. Simms. «Reserva una parcela en Edgware», recomendaba un folleto del ferrocarril subterráneo:

> La receta de Omar Khayyám para convertir el desierto en un paraíso no se adapta bien al clima inglés, pero en Edgware se han sentado las bases de una receta alternativa que al menos transformará unos bonitos campos ondulados en hogares felices. La barra de pan, la jarra de vino y el libro de versos se pueden conseguir allí con facilidad y a bajo precio, y, además de lo que se ve en la ilustración, una vivienda que incluye todas las últimas comodidades sanitarias y para ahorrar trabajo. Los modernos pedimos mucho más que los antiguos para darnos por satisfechos, y Edgware está diseñado para darnos ese mucho más.

Hay muchas cosas conmovedoras en este anuncio, no siendo la menor el nivel de educación que se espera de los primeros compradores de casas. Desde principios del siglo XVIII, los británicos habían considerado que un problema exportado es un problema resuelto. En el siglo XIX, los criminales y los celtas indigentes eran exportados o deportados a Canadá, Nueva Zelanda y Australia, y este fue un ingrediente vital del hecho de que no hubiera revolución en Inglaterra en 1848, ni Comuna de Londres como la que hubo en París en 1870.

En Londres, todos los parques de bomberos, estaciones de ferrocarril, oficinas de correos, clubes de caballeros, dependencias municipales y edificios del ayuntamiento tienen su placa conmemorativa de guerra, que da testimonio de la pérdida de vidas en el frente. Para la mayoría de los londinenses, la Primera Guerra Mundial fue una pesadilla que ocurría en otra parte, aunque es cierto que hubo bombardeos. El primero tuvo lugar el 31 de mayo de 1915: los aviones alemanes dejaron caer una tonelada de bombas. Pero en toda la Primera Guerra Mundial, el total de londinenses muertos por los ataques aéreos fue de 670, un número espantoso si incluía a tu amigo, marido o padre, pero que no se puede comparar con los miles y miles de civiles de toda Europa que iban a morir en los bombardeos aéreos de la Segunda Guerra Mundial.

A los que volvían del frente se les había prometido que vivirían en una tierra digna de héroes. Se encontraron con que algunas cosas habían cambiado para siempre, sobre todo en las vidas de las mujeres. Una americana, lady Astor, fue la primera mujer elegida miembro del Parlamento en 1919. No había participado en el movimiento feminista. Emmeline Pankhurst, la principal activista a favor del voto femenino, no consiguió su recompensa en las elecciones que llevaron a Nancy Astor a la Cámara de los Comunes. En 1926 accedió a presentarse por Whitechapel (como conservadora), pero falleció antes de las elecciones.

La implosión del Partido Laborista Independiente, la traición a la causa (según lo veían los socialistas) de Ramsay Macdonald a partir de 1931, ocurrió en un ambiente de turbulencia económica y política. Tras la crisis de Wall Street en 1929, parecía perfectamente plausible creer que las profecías de Karl Marx estaban a punto de cumplirse, y que el capitalismo se estaba hundiendo. Tanto en Estados Unidos como en Europa, la gente pasó terribles penalidades mientras el desempleo se disparaba.

El Partido Laborista Independiente nunca había sido completamente marxista en sus planteamientos, pero compartía el postulado marxista básico de que el capital oprimía al trabajador en lugar de enriquecerlo. Se habría podido suponer que el gobierno laborista de Ramsay Macdonald, o su ministro de Hacienda, Philip Snowden, se regocijaran ante la consumación de sus esperanzas. Con el capital en ruinas, sin duda había llegado el momento de que el Estado interviniera, con planes de obras públicas y medidas contra el desempleo y la escasez de vivienda, para aliviar el golpe de la crisis y preparar el camino a una nueva era en la que la empresa privada y el egoísmo quedarían abolidos para servir a una causa común en la que todos colaborarían.

Pero Macdonald y Snowden, que habían aprendido lo que sabían de socialismo de las grandes leyendas del siglo XIX, Keir Hardie, William Morris y demás, no siguieron esa política. A partir de 1924, ascendido a ministro, Snowden había abandonado el socialismo a todos los efectos y había bajado los impuestos. Su compromiso con el libre comercio y el mercado «que se corrige a sí mismo» era típicamente gladstoniano. Y mientras Macdonald y Snowden, a las órdenes del rey, abandonaban el socialismo y a los socialistas, el paro aumentaba vertiginosamente.

No es sorprendente que cundiera la consternación. Durante un discurso en Trafalgar Square, el 14 de septiembre de 1931, el joven canciller del ducado de Lancaster del gobierno de Ramsay Macdonald, que había dimitido como protesta por la incapacidad del gobierno para hacer frente a la terrible crisis de desempleo, dijo:

> Los portavoces del difunto gobierno laborista vieron en la crisis ese hundimiento del capitalismo que habían profetizado con fervor religioso. La crisis llegó en un momento oportuno para ellos. El Partido Laborista estaba en el poder y tenía a su disposición todos los recursos del Estado. ¿Qué ocurrió? Amaneció el gran día y el laborismo renunció. Se retiró justo cuando se acababa de cumplir su mayor deseo. ¿Qué debemos pensar de un Ejército de Salvación que emprende la huida el Día del Juicio?

El orador era el baronet sir Oswald Mosley, héroe de la Primera Guerra Mundial y *squire* de Staffordshire, que había sido miembro del Parlamento por los partidos tory y socialista alternativamente. Durante el año de su ruptura con el laborismo, 1931, el número de parados había aumentado a 2.642.000. Al año siguiente ascendería a 2.756.000, y a partir de ahí descendería de manera gradual hasta 1.408.000 en 1939.

En el mundo confortable de nuestros tiempos resulta difícil hacerse una idea de la humillación y las privaciones que estas cifras representaron para millones de familias británicas. Esta fue la época de las odiadas «evaluaciones de medios» (*means tests*), cuando se negaba el subsidio de paro a quien poseyera una tetera de plata, y los inspectores se presentaban en las casas de los obreros para husmear entre las pertenencias de la gente. La Marcha del Hambre de Jarrow, en 1936, cuando los obreros sin trabajo del nordeste fueron andando hasta la capital, no se ha olvidado nunca. En las provincias, donde los trabajadores tendían a depender de las industrias locales para encontrar empleo, había pocas posibilidades de «subirse a la bici» para buscar otro trabajo. Si las minas o el astillero de la zona empezaban a despedir trabajadores, los obreros estaban perdidos y sus familias condenadas casi a morir de hambre. La señora Janet Vaughan, que ejerció la medicina en las zonas más pobres de Londres durante esta época, me describió en cierta ocasión las condiciones de vida: niños malnutridos, raquíticos y sin zapatos, enfermedades que una doctora joven y educada como ella pensaba que habían dejado de existir en el siglo XIX. «En aquellas circunstancias, *solo* se podía ser socialista», dijo simplemente.

Debido a la terrible situación en las provincias, muchos llegaron a Londres en busca de trabajo, y entre 1911 y 1939 la población del Gran Londres creció de 7,25 a 8,73 millones.

«Solo se podía ser socialista», pero la animosa promesa electoral de Morrison –«¡Arriba las casas, abajo los barrios bajos!»– solo se estaba cumpliendo en parte. Dos factores indujeron a los londinenses a seguir en grandísimo número el llamamiento de sir Oswald Mosley, primero a su Nuevo Partido y después a su Unión Británica de Fascistas.

El primer factor fue el miedo al comunismo, que había sumido a Rusia en una sangrienta guerra civil, seguida por la peor tiranía jamás conocida en la historia de la raza humana. En Alemania, Austria, Hungría, Francia y otros países europeos, la crisis económica había conducido a la anarquía, muy exacerbada, según creían muchos, por agitadores comunistas que, naturalmente, querían que el sistema se hundiera.

El segundo factor, y el más importante en la popularidad de Mosley, fue el estrepitoso fracaso del Partido Laborista a la hora de abordar la desesperada situación de los parados. Los que se habían quedado sin trabajo, y los que temían perderlo, pensaron que la defensa que hacía Mosley de la economía de John Maynard Keynes, su convicción de que un gobierno podía recurrir a créditos para superar la crisis del desempleo creando un mercado de trabajo artificial, era la solución correcta. Además de este ilusionismo keynesiano, Mosley poseía una elocuencia extraordinaria. «Era mejor que ir al teatro», me dijo en cierta ocasión un londinense, recordando con placer los discursos de sir Oswald. El movimiento laborista había coqueteado con él («Qué extendida estaba en todos los partidos la fascinación que Mosley ejercía», escribió Michael Foot), y el ex agitador comunista Mannie Shinwell escribió en 1952: «Casi todo el mundo esperaba que, debido a su popularidad, [Mosley] sucediera a Ramsay Macdonald».

Los testimonios fotográficos hablan por sí mismos: calles enteras de Limehouse o de Bermondsey llenas de trabajadores haciéndole a Mosley el saludo fascista; Trafalgar Square, e incluso Hyde Park, en 1934, llenos a rebosar. El último de sus grandes actos públicos, en julio de 1939 en el Salón de Exposiciones de Earl's Court, fue descrito en la prensa como la reunión en recinto cerrado más numerosa que se había producido jamás.

Sin embargo, aunque en su libro *Mi vida* Mosley habla de «nuestro triunfo electoral», en realidad se refiere a unos pocos cargos en consejos municipales y, en elecciones generales, de un 19 por ciento de los votos en un único distrito electoral favorable. El partido fascista de Mosley nunca ganó un solo escaño parlamentario, y este carismático personaje, al que solo unos pocos años antes se le consideraba tan popular que parecía inevitable que llegara a ser líder del Partido Laborista y después primer ministro, ni siquiera obtuvo un escaño para sí mismo.

La verdad es que, aunque las manifestaciones fascistas eran impresionantes, no ofrecían ninguna esperanza real de solución a la crisis del desempleo. Tiempo después, Mosley reconoció que había sido un error utilizar uniformes, porque eso hizo que su movimiento pareciera una imitación de los fascistas de Mussolini en Italia. Tras la subida al poder de Hitler en Alemania, el comportamiento de una minoría de matones con camisa negra en el East End de Londres consiguió que el movimiento resultara repelente a los votantes decentes y normales. El propio Mosley nunca dio señales de ser personalmente antisemita, pero estaba dispuesto a suscribir las teorías sobre la conspiración del judaísmo internacional para provocar una guerra. Y no se entendía muy bien cómo contribuía a su misión a favor de la causa de los trabajadores británicos su asociación con partidas de matones que recorrían las zonas más pobres del East End cantando «Los judíos, los judíos, tenemos que librarnos de los judíos» y rompiendo las ventanas de las sinagogas o de pequeñas tiendas y sastrerías. Este comportamiento era intolerable, y la violencia de los actos públicos de Mosley (él siempre insistió en que era obra de agitadores de izquierdas) provocó la prohibición por el Parlamento de sus pintorescos uniformes, que parecían más propios de un presuntuoso maestro de esgrima de algún país montañés como Ruritania.

Las manifestaciones de la Unión Británica de Fascistas, vistas en el contexto de la historia de Londres, más que imitaciones de Mussolini o precedentes del Tercer Reich parecen versiones de los años treinta de la antiquísima tendencia de los londinenses a echarse a las calles y retirarse después sin que hubiera tenido lugar ningún cambio apreciable. Se manifestaron por Wilkes y la Libertad, pero no continuaron con los alborotos hasta conseguir su objetivo, como hicieron los franceses. Pasaron unos cuantos días incendiando cárceles y capillas de embajadas, gritando hasta enronquecer contra el Papa y a favor de lord George Gordon. Pero al cabo de tres días el Papa parecía tan poco peligroso como el sha de Persia. Acudieron en masa bajo la lluvia a Kennington Common para apoyar el estatuto, pero después esperaron pacientemente setenta años hasta que se concedió el voto a todos los adultos del país.

En *El camino de Wigan Pier*, George Orwell dice: «El pescado con patatas fritas, las medias de seda, el salmón en lata, los bombones baratos, el cine, la radio, el té fuerte y las quinielas de fútbol han evitado, entre todos, la revolución». A los supuestos revolucionarios les ha escandalizado con frecuencia (como le ocurrió a Lenin cuando pasó un año viviendo en Londres) la capacidad inglesa para «desconectar» políticamente. Esta capacidad, menos acusada en los irlandeses, galeses y escoceses, ha sido una pauta repetitiva de la vida política de Londres. En el diario que escribió antes de redactar el libro, Orwell había apuntado: «En Inglaterra ya no queda *turbulencia*».

En un período generalmente poco destacable en cuanto a arquitectura londinense, algunos edificios y arquitectos destacan por sus méritos sobresalientes y perdurables. Nadie que llegue a Londres en coche por la A40 puede dejar de sentirse impresionado por las proporciones, el color y la belleza de la fábrica Hoover, cerca de Perivale, construida en 1932-1933 según diseños de Wallis Gilbert & Partners. La BBC contrató a buenos arquitectos para sus dos grandes centros de emisión en Londres. La Bush House, sede del servicio internacional de la BBC, es obra de los arquitectos norteamericanos Helmle y Corbett, y se terminó en 1935. El doctor Pevsner nos dice que «representa un clasicismo de gran empresa que a los americanos se les daba mejor que a los ingleses, y sin duda la Bush House tiene más distinción que los demás edificios de Kingsway».

La Broadcasting House, en Portland Place, es de Charles Holden (1875-1960), arquitecto del movimiento Arts and Crafts. Con su relieve de Ariel, obra de Eric Gill, este noble edificio no solo es una construcción de gran belleza, sino también un símbolo de todo lo que en otro tiempo fue la British Broadcasting Corporation, un elemento primordial de Londres y de la civilización, una luminaria de veracidad y decencia, ahora amenazada por sus propios ejecutivos trajeados, que la confunden con una emisora comercial como cualquier otra. (Siendo director general sir John Birt, quisieron incluso abandonar este gran edificio, con todo lo que implica; y por dentro está lamentablemente deteriorado.) Charles Holden es el mejor arquitecto del Londres de entreguerras. Su Senate House, en la Universidad de Londres en Bloomsbury, es otro edificio verdaderamente espléndido, y a Holden le debemos también muchas y magníficas estaciones de metro, cuyo ejemplo clásico es la de Arnos Grove.

Los intentos de modernismo más descarados, como los bloques de apartamentos Highpoint, construidos por Lubetkin y Tecton en North Hill, Highgate, entre 1935 y 1938, dan la impresión de haber sido plantados insolentemente sin tener en consideración el entorno. Su estanque de los pingüinos en el Zoo de Londres (1934), aunque de menor tamaño, sigue haciendo gracia, pero solo como una broma. Si se mide un pingüino comparándolo con los extraños recintos geométricos de Lubetkin, y a un ser humano en comparación con uno de sus bloques de apartamentos, se empieza a sentir una especie de angustia, un presagio de lo que la arquitectura modernista más cruda le iba a hacer a Londres en los años siguientes.

Algunos de los edificios más atractivos de la época, aunque no se puede decir que fueran grandes obras de arquitectura, son los cines: el Odeon (antes Pavillion) de Frank Verity, en Shepherd's Bush (1923), o el Regal, de E. Norman Bailey, en Uxbridge High Street. Dicho sea de paso, podemos apreciar un estilo más antiguo de sala de cine en la maravillosa restauración que hicieron Simon Wedgwood y Faithful Blyth del Electric Cinema de Notting Hill, que data de 1911, con su detallada fachada clásica, sus pilastras acanaladas de faenza y su auditorio con bóveda de cañón.

En los cines era donde los londinenses de las cuatro primeras décadas del siglo XX escapaban de (y a la vez se enfrentaban a) la tormenta que se estaba gestando, porque además del hipotético escapismo de los westerns, las comedias y las películas románticas, en aquellas mismas pantallas era donde el público –casi todos fumando cigarrillos– veía la tragedia que se iba desarrollando en los años treinta: los Juegos Olímpicos de Berlín, escenificados como una manifestación de propaganda nacionalsocialista; la ocupación de los Sudetes por tropas alemanas; el bombardeo de Etiopía por la aviación italiana; la Guerra Civil española... Edificios derrumbándose, cañonazos, muchedumbres rugiendo de entusiasmo en enormes estadios ante ídolos deportivos o dictadores histriónicos, tanques en marcha y el primer ministro británico en un aeropuerto, agitando una hoja de papel en la que había recogido la garantía de «paz en nuestro tiempo» del señor Hitler, compartían el cartel con Charlie Chaplin y el personaje de animación vituperado por el rey emperador Jorge V como «ese maldito ratón». Karl Marx había quedado momentáneamente olvidado mientras la gente se reía con sus homónimos Groucho, Chico, Harpo y Zeppo en *Pistoleros de agua dulce*, *Plumas de caballo* y *Sopa de ganso*. También aquí podían ver las películas que el gran director húngaro Alexander Korda producía con la London Film Productions en los Estudios Denham, empezando por *La vida privada de Enrique VIII* en 1932, o partirse de risa con Will Hay en *Boys Will Be Boys* o *Oh, Mr. Porter!*

A finales de los años treinta, el mundo exterior, la catástrofe europea, estaba llegando a Londres, y no solo en las parpadeantes pantallas de los cines, sino también en forma de un enorme aumento de la población refugiada. Entre 1933 y 1938 habían llegado más de diez mil refugiados procedentes de Alemania, pero lo que estaba pasando hizo que todo cambiara. Después de la unificación de Austria y Alemania (la *Anschluss*) y de la Noche de los Cristales Rotos, en la que se apedrearon o incendiaron las tiendas, sinagogas, escuelas y casas de los judíos, el número de judíos que llegaba a Gran Bretaña aumentó de manera espectacular.

Aunque las causas eran trágicas, la llegada de tantos refugiados procedentes del meollo de la vida cultural e intelectual de Europa ejerció un efecto sumamente vigorizante en Londres. Hasta 1939, el extraño resultado del enorme aumento de la población había sido que Londres se fue haciendo más homogéneo, no menos, ya que, hasta que los refugiados de Hitler alteraron la mezcla, casi todos los que llegaban a Londres eran provincianos ingleses y casi todos decidían quedarse en los suburbios. Londres nunca había sido tan grande, pero nunca había parecido menos cosmopolita como cuando la mayoría de sus habitantes llegaban a sus oficinas del centro de Londres en autobús o tren eléctrico desde sus casitas de Surrey o Middlesex. Por primera vez desde las inmigraciones del siglo XIX, Londres volvió a su antigua norma: en sus calles se hablaban diferentes idiomas y un gran número de personas buscaban comida que no se vendía en el café de Lyons Cornerhuse o en la típica tienda de alimentación inglesa. Los refugiados hicieron posible que Londres volviera a ser lo que había sido: la ciudad de los tejedores hugonotes, los marineros orientales, los mercaderes holandeses y los esclavos liberados, africanos o caribeños.

En los dieciocho meses transcurridos desde marzo de 1938 hasta septiembre de 1939, se admitieron 60.000 refugiados procedentes de Alemania. De los 180.000 judíos que había en Viena, 30.000 pasaron por Gran Bretaña como primera escala. El rescate de niños judíos, el plan conocido como *Kindertransport*, trajo a Gran Bretaña 10.000 niños, aproximadamente el 10 por ciento de los niños judíos que quedaban en el Reich.

Aunque en los países ahora dominados por el Reich los judíos eran perseguidos y privados de su condición profesional, y sus propiedades confiscadas, su derecho a estudiar en la universidad limitado o suprimido y sus movimientos restringidos, se había matado a relativamente pocos. La matanza directa, según explicaba Hitler en *Mein Kampf*, formaba parte de su estrategia final, pero en realidad pocos podían creer que pretendiera, o estuviera en posición de llevar a la práctica, un plan tan monstruoso y tan absolutamente mortífero. Viendo lo que ocurrió después, es muy probable que muchos funcionarios del Foreign Office y del Home Office británicos (ministerios de Asuntos Exteriores y del Interior) que habían criticado la concesión de visados y permisos de entrada a los judíos alemanes desearan que se hubiera invitado a Gran Bretaña a la totalidad de los seis millones de judíos finalmente exterminados.

La consecuencia inmediata y a medio plazo de la tragedia, en lo que a Londres se refiere, fue altamente beneficiosa. Sigmund Freud llegó a Primrose Hill (después se mudó a Maresfield Gardens) con su célebre diván y su colección de esculturas fetichistas. Karl Rankl, Fritz Busch, Alexander Korda, Elias Canetti, Friedrich von Hayels, Nikolaus Pevsner, Ernst Gombrich... se podrían llenar páginas y páginas con los nombres de los que enriquecieron tan enormemente la vida musical, artística, académica, científica y filosófica de Londres gracias al antisemitismo maníaco de Hitler.

Ninguna de estas personas recibió prestaciones o subvenciones estatales solo por ser «solicitantes de asilo». Los judíos educados y de clase media aceptaban cualquier trabajo que se les ofreciera. En las columnas de solicitudes de empleo de los periódicos era corriente leer anuncios como este: «¿Alguna persona amable ayudaría a traer marido de Viena? Esposa ya está aquí. Cocinero y costurera de primera buscan trabajo juntos donde sea».

Otros, más afortunados, huyeron de los dominios de Hitler con joyas u oro cosidos a la ropa, y se pasaban por Belsize Place queriendo comprar apartamentos e incluso casas con su capital portátil. La gran mayoría no era tan afortunada, y muchos tuvieron que soportar años de pobreza antes de lograr salir adelante. Muchos se sintieron explotados por sus patrones ingleses (judíos o gentiles), que procuraban cerrar los ojos al trauma emocional que ellos sufrían, separados de unos seres queridos que corrían peligro en su Austria o Alemania natal.[2]

En medio de toda la tensión y la escalada hacia la guerra de los nueve primeros meses de 1939, y con todos los sentimientos de culpa que siguieron al acuerdo de Munich, los miedos nacionales se concentraron en el destino de Londres. Una semana antes de que estallara la guerra, Vita Sackville-West le escribió a su marido, Harold Nicolson: «Ojalá no estuvieras en Londres. Me pone físicamente enferma pensar en los ataques aéreos».[3]

Mientras contemplaban el fracaso internacional, los londinenses habían esperado contra toda esperanza la paz y se habían preparado para la guerra. Sir John Anderson, jefe del Comité de Defensa Imperial, creía que Londres iba a ser el objetivo inmediato de bombardeos aéreos. Su comité calculó que los alemanes podían dejar caer dos mil toneladas de bombas en las primeras veinticuatro horas. Calcularon que en el primer mes morirían 28.000 civiles. En *Which Way to Peace?*, el filósofo Bertrand Russell predijo que Londres sería «un inmenso manicomio enloquecido, los hospitales serán asaltados, se parará el tráfico, la gente sin hogar pedirá paz a gritos, la ciudad será un pandemonio».[4]

A las once de la mañana del 3 de septiembre, Neville Chamberlain informó a los angustiados radiooyentes de que Gran Bretaña estaba en guerra con Alemania. Pasó una hora, pasaron veinticuatro horas, y aún no había bombas ni destrucción. Aparte de los sacos terreros apilados contra las ventanas y las puertas, y de la palpable atmósfera de tensión y excitación, Londres parecía casi normal. Pero estaba a punto de entrar en los seis años más extraordinarios de su historia. Las bombas llegarían, aunque no inmediatamente. Parte del tráfico se detendría. Algunos pedirían paz a gritos. Pero iba a ocurrir una cosa mucho más extraña que el pandemonio profetizado por Bertrand Russell.

11

La guerra de 1939-1945

Una fotografía de Herbert Mason en la que se ve la catedral de San Pablo el 29 o 30 de septiembre de 1940 expresa una verdad histórica inalterable y una profecía trágicamente falsa. Lo llamaron «El segundo Gran Incendio de Londres». Desde septiembre, Londres había sido el principal blanco, casi el único, de una implacable serie de ataques de los bombarderos alemanes: se lanzaron 27.500 bombas de alto explosivo e innumerables bombas incendiarias; entre el 7 de septiembre y el 13 de noviembre, cada noche atacó un promedio de 160 bombarderos. Los muelles fueron uno de los principales objetivos, y ardieron muchas veces; las viviendas de los pobres que habitaban cerca quedaron reducidas a calle tras calle de escombros humeantes. Edificios tan conocidos como el Museo de Madame Tussaud en Baker Street y la Torre de Londres fueron alcanzados por las bombas. El ayuntamiento quedó casi destruido por el fuego aquella clara noche de luna del 29 de diciembre de 1940. Y fue después de aquel ataque cuando la cámara de Herbert Mason captó San Pablo, con su cúpula claramente visible en medio del humo y las llamas: una tranquila encarnación de la calma, la razón, la Ilustración inglesa, la devoción y el pasado entre todas las tempestades de la guerra.

La fotografía da testimonio de una verdad: que Londres soportó constantes bombardeos con una extraordinaria sangre fría. El valor de los londinenses sentó un maravilloso ejemplo para otras ciudades cuando les tocó el turno. San Pablo, entre las llamas pero sin quemarse, como la mística zarza de Moisés, le decía al mundo que aunque todo el resto de Europa se hubiera rendido al nazismo o hubiera entablado abyectas alianzas con él, la capital del Imperio británico no iba a hacer tal cosa.

Hasta aquí la verdad histórica. Además, la fotografía, por implicación, enuncia una profecía:

Esta Inglaterra nunca estuvo, ni estará,
postrada a los arrogantes pies de un conquistador.[1]

Esa fotografía parece decir: «Cuando esta guerra termine, volverá el Londres creado por Christopher Wren, el Londres donde la razón y el conocimiento van de la mano con el comercio y los negocios, y donde los ciudadanos construyen casas, teatros, iglesias y calles que son obras de belleza». Esta profecía, esta desafiante esperanza, nunca se cumplió. Los vencedores que se alzaron entre las ruinas de la guerra en Londres fueron vándalos, especuladores de la propiedad, modernistas fanáticos y abogados corruptos. La propiedad misma de la City, sus empresas, sus instituciones y sus edificios, iba a salir de manos británicas, y Londres sería vendido para que unos pocos semidelincuentes pudieran ganar dinero rápido. Pero esto nadie habría podido adivinarlo durante los seis asombrosos años en que Londres estuvo en guerra.

La filósofa francesa Simone Weil, que había pasado la primera parte de la guerra con sus padres en Nueva York, había regresado a Europa y trabajaba para la Francia libre. Anhelaba el martirio y, al negársele la posibilidad de regresar a Francia, se fue consumiendo: tuberculosa, fumadora compulsiva, anoréxica, murió en un sanatorio de Ashford (Kent) en agosto de 1943, a los treinta y cuatro años. Fue solo una de los millones de personas que estuvieron en Londres durante la guerra, pero hay algo significativo en este testarudo y completamente *sui generis* personaje de talento que gravitó hacia el inconquistable Londres. Se alojó en Notting Hill, en el 31 de Portland Road (que en aquellos tiempos no era la calle elegante en que se ha convertido), con la viuda de un profesor, la señora Francis, que tenía dos hijos. Iba a todas partes a pie, fijándose en la «atmósfera totalmente especial de los pubs de los barrios de clase obrera. Le tengo mucho cariño a esta ciudad, con sus heridas. Lo que más me llama la atención de esta gente, en su situación actual, es un buen humor que no es ni espontáneo ni artificial, sino que surge de un sentimiento de estrecha y fraternal camaradería en un padecimiento común».[2]

Los sufrimientos infligidos a las poblaciones civiles por los bombardeos aéreos fueron una de las espeluznantes innovaciones de la Segunda Guerra Mundial. Si se compara con las víctimas causadas por los bombardeos aliados en Hamburgo y Berlín, o con las de los americanos en Hiroshima y Nagasaki, el número de muertos por las bombas alemanas en Londres fue, según los horrorosos criterios de aquel conflicto, relativamente bajo. Murieron decenas de miles de personas. De las 147.000 víctimas, entre muertos y heridos graves, de los bombardeos en Gran Bretaña, casi 80.000 correspondieron a Londres (29.890 muertos y 50.000 heridos graves). Se destruyeron un millón y medio de casas. Pero Londres seguía siendo reconocible cuando todo acabó: llena de cicatrices, en ruinas, pero reconocible. Al final de la batalla de Berlín, en 1945, el 70 por ciento de la ciudad había quedado completamente arrasado. Sir Arthur Harris, que estaba al mando de los bombardeos, había ordenado la asombrosa cifra de 14.562 misiones de ataque a la capital alemana. Además de matar a decenas de miles de alemanes, estos ataques mataron a muchos prisioneros de guerra rusos, que trabajaban en Berlín como esclavos y a los que no se permitió guarecerse en los refugios antiaéreos.

Se ha dicho que bombardear ciudades infunde a sus habitantes, casi contra su voluntad, un espíritu de valentía y desafío. Pero Alexandra Richie, cuyo libro de mil páginas *Faust's Metropolis* es sin duda la mejor historia de una ciudad que se ha escrito en los últimos tiempos, afirma: «A pesar de [...] los preparativos, los berlineses nunca desarrollaron el espíritu que caracterizó a Londres durante los bombardeos, entre otras cosas por la creciente presencia de la Gestapo y de los autoritarios vigilantes antiaéreos, que intimidaban a la gente con infinitas regulaciones nuevas».[3]

En *The Heat of the Day* de Elizabeth Bowen, posiblemente la mejor obra de ficción que surgió del Londres de la guerra, se dice que «en aquella transparencia de septiembre [de 1940], la gente se hizo transparente, y solo se la podía localizar por la palpitación algo más oscura de su corazón. Los desconocidos se decían "Buenas noches, buena suerte" en las esquinas de las calles cuando el cielo empezaba a apagarse y después se fundía con la noche, cada uno confiando en no morir esa noche y, sobre todo, en no morir sin que nadie se enterara».[4]

El número de londinenses evacuados de la capital ascendió a 700.000, sobre todo pobres y niños. Al estallar la guerra, parece que el éxodo total de la capital fue de 1.200.000 personas, aproximadamente el 13 por ciento de la población. Pero en la Navidad de 1939 habían regresado la mitad de los evacuados que habían salido de la capital. Es difícil dar cifras seguras. Algunos evacuados se adaptaron a una vida muy diferente, alojándose con familias del campo. Los más pobres, marginales, indisciplinados y mal vestidos, poco familiarizados con delicadezas como el papel higiénico y el jabón y psicológicamente trastornados hasta el punto de mojar la cama, no siempre fueron bien recibidos por sus más acomodados anfitriones.[5]

A los niños londinenses les aburrría el tedio de la vida rural. («A esto lo llaman primavera, mamá, y aquí tienen una cada año.») Muchas familias con nostalgia preferían estar todos juntos en una casa medio en ruinas de Londres que estar separados de sus seres queridos. Cuando sus casas eran bombardeadas, se hacinaban en refugios inadecuados, muchos de ellos organizados por los párrocos en iglesias, colegios y similares. Los más afortunados se habían construido en sus jardines refugios Anderson o refugios Morrison. Muchos más se refugiaban en las estaciones de metro. A finales de septiembre de 1940, 177.000 personas dormían en la red subterránea. Era más que un refugio contra las bombas: era, literalmente, un lugar donde los londinenses se mantenían unidos, un retorno a las camas compartidas de la infancia, o incluso a la misteriosa oscuridad del mismísimo seno materno. En los inolvidables dibujos de Henry Moore de estas figuras acurrucadas en sus lechos improvisados, todas ellas, incluso los ancianos, tienen un cierto aire de niños dormidos.

El ambiente en Londres era tenso, pero se ponía mucho orgullo en seguir adelante desafiando a las bombas. «El negocio sigue como siempre», era el lema. Se daba mucha importancia a no alborotar, pero también había no mera tensión, sino intensa excitación. Había una intensa atmósfera sexual. En la oscuridad absoluta de los apagones, ocurría de todo. Se hacía el amor entre desconocidos. El historiador A. L. Rowse tuvo su única experiencia sexual en noventa años de vida durante un apagón, cuando se dirigía a su club y tropezó con un hombre que dijo que era policía.[6] Saber que podían matarte cualquier noche se compensaba a la mañana siguiente con la súbita constatación de que aún estabas vivo. Una mujer joven cuya casa había sido bombardeada escribió: «Me han bombardeado. [...] Me quedé tumbada, sintiéndome indescriptiblemente feliz y triunfante. No paraba de decirme a mí misma "¡Me han bombardeado!", una y otra vez, recreándome en la frase, como si fuera un vestido nuevo y quisiera ver cómo me sentaba. [...] Parece terrible decir eso cuando muchas personas han muerto o resultado heridas la noche pasada; pero nunca en toda mi vida he experimentado una *felicidad tan pura y perfecta*».

En el centro de esta extraordinaria y sobrecargada atmósfera se encontraba el primer ministro, un personaje que durante toda su carrera política había parecido siempre demasiado pintoresco, demasiado interesante, demasiado grandilocuente para encajar en los apagados tonos grises del espectro político, y cuya carrera se extendía desde los Dardanelos hasta el asedio de Sydney Street, con un largo período de exilio pronunciando discursos en los que denunciaba a Gandhi desde los escaños traseros de la Cámara de los Comunes y escribiendo artículos para el *Daily Mail* en los que defendía a Eduardo VIII o al Imperio británico. Había llegado su momento, y el de Gran Bretaña.

«La guerra es un arte de sesos desparramados y gargantas cortadas», nos recuerda Byron,[7] y cuando la remilgada y temblorosa figura de Neville Chamberlain cayó en su lecho de enfermo, los británicos se tomaron por fin en serio a Churchill. Visitar las salas del Gabinete de Guerra, en un búnker bajo King Charles Street, es recordar, como ningún libro puede recordarnos, la extraordinaria atmósfera de aquellos tiempos y las extraordinarias cualidades del hombre que dirigió las operaciones desde allí abajo. No solía dormir allí, y tenía poca consideración por su seguridad personal: le gustaba sentarse en la azotea de George Street para ver mejor los ataques aéreos. Pero a veces se veía obligado a dormir bajo tierra; y aún podemos ver su modesta alcoba y el arsenal de armas, incluyendo una metralleta Thompson, con las que se proponía defenderse si llegaba la invasión y los nazis penetraban en su búnker.

Su rutina diaria se hizo legendaria y agotó a todos los que trabajaban con él: ministros del gobierno, jefes del Estado Mayor, sufrientes secretarias. Se despertaba hacia las 8.30 de la mañana, encendía un cigarro con la vela de su mesilla y, cubierto con su batín de seda verde y dorada con dragones estampados, recibía a sus subordinados, leía todos los periódicos, dictaba cartas y planificaba la jornada. A media mañana estaba listo para ponerse a remojo en la bañera, mientras mantenía discusiones militares con el general Alan Brooke (ascendido después a mariscal de campo y nombrado lord Alanbrooke) o el general sir Hastings Ismay, que en 1944 amenazó con dimitir a causa del carácter irascible de Churchill. La comida y la cena se acompañaban siempre con champán. Por la tarde dormía una siesta, pero a continuación trabajaba hasta las tres o las cuatro de la madrugada. Una noche a las tres de la madrugada, al terminar de dictarle un discurso a una secretaria de ojos adormecidos, le dijo: «No se moleste en pasarlo a limpio esta noche [...] no lo querré hasta las ocho».

Churchill fue el último líder auténtico que Gran Bretaña ha tenido. Después de él, es posible que Gran Bretaña ya no quisiera ni necesitara un líder. Los líderes, a diferencia de los meros funcionarios políticos, inspiran a naciones enteras, las hacen sentir, actuar y funcionar de ciertas maneras. La obstinación, la negativa a rendirse, el buen humor, incluso las borracheras de los londinenses en este extraordinario período tenían su reflejo en su primer ministro de tiempos de guerra, cuyos discursos por la BBC, aunque avergonzaban a los muy sofisticados, tenían en trance a la capital, a la nación y al mundo entero, con su grandilocuente mezcla de Macaulay y Gibbon, su voluntad de hierro y la transparente decencia de su filosofía. Cuando Margaret Thatcher asumió la jefatura del gobierno, tuvo la inspiración de abrir las salas del Gabinete de Guerra y convertirlas en museo: la sala de mapas, con sus alfileres y sus tiras de lana que indicaban las posiciones de grandes ejércitos, los abarrotados pasillos, las hileras de teléfonos, la absoluta falta de grandiosidad o pretensión, la pulcritud. Es un lugar donde se siente que estuvo reunido un grupo de personas de extraordinario talento y a las que no les quedaba más remedio que ser modestas para llevar a cabo una tarea terrible pero vital, que cumplieron con consumada habilidad. Tal vez no fuera el «mejor momento» de Gran Bretaña, pero desde luego sí lo fue de Londres.

12

La posguerra

Los estudios de cine de Ealing Green, en el oeste de Londres, fueron fundados en 1931 por Basil Dean, y contribuyeron a consolidar las carreras cinematográficas de George Formby y Gracie Fields. Dean se peleó con los otros directivos y en 1938 fue sustituido por Michael Balcon, que estuvo a cargo de la producción durante la guerra. Con apoyo financiero de Rank y MGM, hicieron unas cuantas películas de guerra aceptables –*London*, *For Those in Peril*–, pero fueron las comedias de posguerra las que hicieron famosos a los estudios Ealing, o incluso inmortales.

En 1954 ya tenían graves problemas, y por fin interrumpieron la producción en 1957. Las películas de sus días de gloria, como durante el gobierno laborista de Clement Attlee (1945-1950) o el Festival of Britain de 1951, poseen una extraordinaria calidad muy característica, y describen una Inglaterra, y sobre todo un Londres, que, habiendo salido victorioso e incluso triunfante de la guerra, era al mismo tiempo completamente vulnerable. Viendo hoy esas divertidísimas comedias en blanco y negro vemos una Inglaterra que se burlaba de sí misma, que incluso se parodiaba. *Ocho sentencias de muerte* es una fantasía en la que un hombre nacido en un suburbio del sur de Londres consigue, mediante una serie de asesinatos que de algún modo parecen perfectamente inofensivos, llegar a duque. (Todas las aristocráticas víctimas de los asesinatos están interpretadas por Alec Guinness.) En *El quinteto de la muerte* y *Oro en barras*, hasta las bandas de criminales londinenses son simpáticas, casi entrañables.

La comedia que verdaderamente inició la serie y determinó el tono de todas las demás fue *Pasaporte para Pimlico*, de 1949. Ahora se puede ver por sus planos en blanco y negro de calles bombardeadas y un paisaje urbano desprovisto de arquitectura modernista, con sus calles relativamente libres de agobios de tráfico, su asfalto sin señales de circulación ni líneas amarillas de «no aparcar». La aparición de una bomba sin explotar en un rincón de Pimlico, el barrio contiguo a Westminster, saca a relucir un tesoro que es descubierto por el tendero local (Stanley Holloway). Gracias a las eruditas evidencias aportadas a la investigación por la profesora Hatton-Jones (Margaret Rutherford), se descubre que Pimlico, o este pequeño rincón del barrio, pertenece, en virtud de un antiguo decreto de Eduardo IV, a Borgoña y, por lo tanto, es legalmente independiente. El director del banco, el dueño del pub, el pescadero y un amable policía unen fuerzas con el tendero para proclamar su república independiente, en la que se prescinde de las austeridades de los años de guerra y de la Inglaterra socialista de Attlee en nombre de las libertades de la vieja Inglaterra. Hay una escena liberadora en la que todos rompen sus cartillas de racionamiento en el pub y las tiran al aire como confetti.

El gobierno de Attlee, indignado en un principio por la rebelión, decide tomarles la palabra, aislarlos con alambre de espino y cortarles el suministro de alimentos y agua. El resto de Londres se pone de parte de «la pequeña y valerosa Borgoña». «¿Sabes que está sitiada?», pregunta uno de los personajes. Hay una parodia del puente aéreo a Berlín, cuando los londinenses les llevan comida y provisiones; y hay un ingenioso final en el que el tesoro y el enriquecido Pimlico regresan al seno británico, prestándole su oro al arruinado Ministerio de Hacienda de Stafford Cripps a cambio de varias mejoras para la comunidad. El agujero de la bomba se llena de agua para que los niños se bañen, y se convierte en el Lido de Pimlico. Esa combinación, la de una mentalidad independiente que desprecia la burocracia del gobierno y al mismo tiempo desea tener las ventajas sociales que ofrece el gobierno central, es un anticipo del «Butskellismo» o política de consenso de los años cincuenta.

Si las comedias de la Ealing provocan en el espectador la sensación de contemplar una época desaparecida, lo mismo ocurre cuando se hojean las guías y catálogos del Festival of Britain de 1951: están cargados de insularidad y de optimismo.

Gran Bretaña había resistido a los nazis y japoneses que dominaban el mundo, y había aguantado el tiempo suficiente para que los estadounidenses «terminaran el trabajo», convirtiéndose ellos en dominadores del mundo. Ambos procesos, la resistencia y ver cómo Estados Unidos se llevaba el premio, habían sido aislantes, y no solo en el sentido psicológico. (Al final de la Segunda Guerra Mundial, hacía seis años que no se veía un plátano en las Islas Británicas.)

En el sombrío Londres de posguerra que se describe en *Pasaporte para Pimlico*, donde gran parte de la ciudad estaba todavía marcada por las bombas y se mantenía el racionamiento, el Festival of Britain se concibió como un «tónico para la nación». Se programó para 1951, coincidiendo con el centenario de la Exposición Universal en el Crystal Palace, en medio de Hyde Park, un acontecimiento que había anunciado el predominio comercial y político de Inglaterra en el mundo. El símbolo del festival era una Britania con casco, de sencillez típicamente art déco, que surgía de una estrella y un sol. Los colores de los márgenes geométricos eran el rojo, el blanco y el azul.

En Londres, el principal emplazamiento para las exposiciones del festival estaba en la franja de terreno destrozado por las bombas comprendida entre el puente de Waterloo y el County Hall. El espíritu inspirador del festival había sido Herbert Morrison. El joven Hugh Casson fue la figura más destacada en el diseño del lugar, en el que participaron numerosos arquitectos que trabajaban para el LCC, y muchos artistas y diseñadores. El único edificio permanente que se construyó fue el Royal Festival Hall, un esfuerzo conjunto de un grupo de arquitectos del LCC entre los que figuraban Robert Matthew, Leslie Martin y Peter Moro. Al asistir a un concierto en este local en el siglo XXI, uno se siente como si estuviera entrando en un mundo socialista del norte de Europa, benigno pero aburrido, algo así como Trondheim o Reijiavik. Las fantasías imperialistas de Aston Webb, que solo medio siglo antes, en el período eduardiano, había concebido el County Hall, el arco del Almirantazgo y la restauración del palacio de Buckingham, habían sido sustituidas por una visión mucho más sencilla de Inglaterra como un país pequeño, modesto y decente, con un primer ministro que fumaba en pipa, el señor Attlee, que tenía pinta de director de sucursal de banco o de colegio privado poco importante.

Mientras que la Exposición Universal de 1851 había hecho hincapié en los intereses mundiales del comercio y la influencia de Gran Bretaña –con sus pabellones árabe, indio y de otros países exóticos–, el Festival of Britain tendía a celebrar las virtudes británicas. Se concedió mucha importancia a la planificación urbana y a la construcción de viviendas que sustituirían a los barrios viejos y pobres destruidos por los bombardeos.

Una de las partes de la exposición que despertó más interés en los visitantes fue un piso modelo amueblado por la Sociedad Cooperativa de Londres en estrecha colaboración con el Consejo de Diseño Industrial. El mobiliario moderno era fácil de limpiar y de precio asequible. Se insistía mucho en que los espacios habitables fueran multifuncionales: la cocina-comedor-cuarto-de-estar era más amplia, más luminosa, más alegre que todo lo que se había experimentado en las pequeñas *terraces* y casas de vecindad que la mayoría de los londinenses había conocido antes de la guerra. Un visitante recordaba:

> Este heraldo de las casas de la nueva era estaba abierto al público para ser contemplado. Fue visitado con entusiasmo por mamá, papá y los niños, que hacían «Oooh» y «Aaah» ante la nueva cocina con fogones y aparatos modernos. Comparado con la trascocina que tenían en casa y los fogones de carbón, era como en las películas de Hollywood. ¿Un cuarto de baño para ti solo? Para los afortunados inquilinos se acabaron las colas en los baños públicos los sábados por la mañana. ¡Y mira eso, tiene un retrete dentro! ¡Dios mío, eso sí que es elegante![1]

Los visitantes podían ver planos de la casa modelo de Lansbury en el East End, y de experimentos sociales como la construcción de Harlow New Town en Essex. Un paraíso monótono pero pulcro, al alcance de la gente. Pero en comparación con lo que se ofrecía medio siglo después a los visitantes del Millenium Dome –fruto del ingenio, entre otros, del nieto de Herbert Morrison, Peter Mandelson–, el Festival of Britain fue una cornucopia de estímulos intelectuales y visuales. Las exposiciones de logros de la ciencia y la ingeniería, de historia natural, arquitectura y geología, presuponían todas un nivel de curiosidad intelectual y de información que era totalmente inexistente en las diversas «zonas» del Millenium Dome de Mandelson.

Puede que, en ciertos aspectos, esta fuera una exposición insular, pero a los visitantes se les ofrecía, dentro de esos límites, una gama enciclopédica de información útil e interesante: se exhibieron todas las especies de aves británicas, disecadas o construidas en papel por R. Talbot Kelly (sus asombrosamente precisas esculturas de pájaros de papel eran indistinguibles de su taxidermia). La sección dedicada al mar explicaba al espectador toda clase de cosas, desde las diferentes especies de cetáceos a la construcción naval, pasando por los métodos modernos de exploración hidrográfica. En el Victoria and Albert Museum, una vasta exposición de libros celebraba las habilidades literarias y encuadernadoras de los años anteriores a la guerra, antes de que la escasez de papel hiciera parar la producción de libros decentes. (En el Millenium Dome de Mandelson no se veían libros.)

Cuando se inauguró la exposición, el gobierno laborista de Attlee había perdido el poder en las elecciones, y Winston Churchill era de nuevo primer ministro, cargo que seguiría ocupando hasta su involuntario retiro en abril de 1955. Le sucedió como primer ministro el irascible, enfermizo y, como ahora sabemos, adicto a los narcóticos sir Anthony Eden.

El Partido Laborista perdió las elecciones en parte porque el electorado estaba harto de «austeridad», pero en parte porque había ganado la discusión. (Más o menos, igual que en 1997, cuando el electorado se atrevió a votar al Partido Laborista de Blair porque había adoptado la política monetaria thatcheriana, el electorado de 1951 volvió a confiar en Winston Churchill porque iba a continuar el Estado de bienestar, el programa de vivienda y la agenda moderadamente socialista implantados por Attlee, Cripps y Morrison.)

El empeño en reconstruir la destrozada capital continuó. Cuando se presentó en el Festival of Britain la casa modelo de Lansbury, se insitió mucho en la importancia del «barrio». Aunque los diseños de los pisos iban a ser «modernos», se conseguiría que parecieran familiares porque estarían construidos con ladrillo de Londres, como las viejas casas destruidas en la guerra, y con pizarra de Gales en los tejados. Al diseño se incorporarían colegios, mercados, pubs e incluso iglesias: la Escuela Primaria de Ricardo Street, semiesquina a East India Dock Road, es un ejemplo de arquitectura «de barrio», ligeramente modernista pero sin desentonar por su modernismo brutal.

Pero, en la práctica, aunque es muy probable que el LCC, la Corporación de la City y los gobiernos central y municipales tuvieran los mismos deseos de reconstruir

Londres de un modo humano y decente, les faltaban dos factores imprescindibles: gusto y propiedad.

En primer lugar, aunque existía un deseo natural, justo y altruista de que los londinenses, que habían soportado los ataques aéreos, tuvieran cuartos de baño y habitaciones caldeadas, no existía un Christopher Wren que supervisara la empresa. En el siglo XVIII, si hubieran sido posibles los ataques aéreos y hubiera sido necesario reconstruir Londres, tal vez habría importado menos que en el siglo XX, porque en aquel período de la arquitectura los constructores y los profesionales eran estilistas, y muchos de los mejores edificios del siglo XVIII son prácticamente anónimos, ya que se atienen a diseños clásicos ya consagrados. Pero se dio la circunstancia de que el final de la Segunda Guerra Mundial coincidió con un período de la historia de la arquitectura en el que estos conceptos, por razones que ahora parecen oscuras, habían sido rechazados por la corriente arquitectónica principal, y en el que la estética del modernismo, poco aplicada en los paisajes urbanos de Europa fuera de los satélites estalinistas, era el sueño inspirador de muchos aspirantes a arquitectos en activo.

Pero –y este es el segundo factor vital– aunque hubiera existido un sir Christopher Wren en la época del Festival of Britain, es difícil saber cuánto poder habría tenido en la reconstrucción del Londres de posguerra. Lo más curioso es que las autoridades locales tenían todos los derechos legales a adquirir, incluso de forma forzosa, solares bombardeados. Una ley de 1944 les daba derecho a comprar cualquier zona bombardeada. Pero no siempre lo hicieron. La guerra proporcionó a los constructores una ocasión de oro para adquirir hectáreas y más hectáreas de Londres. El otro factor de la desgraciada historia fue que muchos de los anteriores propietarios estaban agobiados por los impuestos de sucesión implantados por el gobierno socialista. Por ejemplo, en 1953, la muerte del segundo duque de Westminster costó a los Grosvenor veinte millones de libras, una factura que solo se podría haber pagado entregando Pimlico. Es cierto que los grandes propietarios –los Grosvenor, los Cadogan– seguían poseyendo una enorme extensión del suelo de Londres, pero a principios de los cincuenta, el constructor avispado, habiendo ya comprado solares bombardeados, podía sacar más dinero en alquileres construyendo edificios elevados que imitando los patrones tradicionales de las calles de Londres. En cuanto se concedió la autorización para construir un edificio alto, se sentó un precedente y poco se pudo hacer para impedir que se construyeran más.

Así pues, fue en el relativamente apacible mundo del Londres de la posguerra y los años cincuenta donde se tomaron las decisiones que tan irrevocablemente y con tanta brutalidad iban a cambiar el paisaje urbano de Londres y las condiciones de vida de los londinenses. Cuando Harold Samuel compró en 1943 una empresa inmobiliaria llamada Land Securities, «las únicas propiedades de la compañía [eran] tres casas en Kensington, dos de las cuales, la dirección lamenta decir, están desocupadas». Veinticinco años después, el activo de Land Securities Ltd. ascendía a veintiocho millones de libras. Harry Hyams, el decano de los constructores,[2] adquirió Oldham Estates en 1959 por 22.328 libras. En 1967 valía cuarenta y seis millones.

A finales de los años cincuenta, el LCC quiso construir una gran rotonda para el tráfico en la intersección de Tottenham Court Road y Oxford Street. El terreno era propiedad de Pearlmans, directores de la empresa de manufacturas Ve-ri Best, que en realidad no era una empresa de fabricación, sino una compañía inmobiliaria. Rechazaron una oferta de 55.000 libras para la compañía. Pero entonces intervino Harry Hyams, que compró Pearlmans por medio millón, adquirió varios terrenos adyacentes, y después alquiló el suelo al LCC por 18.000 libras al año. En el centro del lugar, Hyams propuso levantar un bloque de oficinas de treinta y cinco pisos. Todavía estaba en vigor la Ley de Construcción de Londres de 1939, que prohibía los edificios de más de treinta metros, pero contenía una letal cláusula de escape: «A menos que el ayuntamiento consienta otra cosa».

Puesto que el ayuntamiento estaba en deuda con Hyams, difícilmente podía negarse a su deseo de construir el Centre Point, que se terminó en 1967. El coste de construcción ascendió a unos tres millones y medio de libras. El edificio terminado «valía» unos diecisiete millones; un beneficio neto de once millones, gracias simplemente al aumento de los precios de la propiedad. Aun así, Hyams dejó vacío el edificio durante años, aguardando la subida de los alquileres. El LCC nunca llegó a construir su rotonda. Ahí está, sin embargo, el edificio, un monumento a la codicia y el desatino, un perpetuo obstáculo, porque no hay una acera decente a su alrededor y todo el que se apea de un autobús en New Oxford Street, cerca de su base, tiene que dar un rodeo cruzando tres o cuatro calles si quiere llegar a lo alto de Charing Cross Road.

El arquitecto del Centre Point fue Richard Seifert, un personaje poco conocido cuya experiencia arquitectónica antes de la guerra se había limitado a proyectos domésticos menores en el norte de Londres. Había ganado un segundo premio de diseño por una vulgar fachada para el Building Centre de Store Street, junto a Tottenham Court Road. El talento de Seifert no tenía que ver con la arquitectura, como ya saben dolorosamente bien los londinenses, sino con sortear las regulaciones urbanísticas. Esto le convertía en el hombre ideal para Harry Hyams, que le encargó el diseño de las treinta y seis plantas en forma de aleta del Centre Point, que se terminó en 1966. Después diseñaría la torre NatWest, que se inauguró en 1981 y ya entonces fue denigrada por obsoleta y reminiscente de los años sesenta; en aquel momento era el edificio sin refuerzos más alto del mundo, y cada una de sus cincuenta plantas de oficinas aportó enormes sumas de dinero a la compañía inmobiliaria en concepto de alquiler. También construyó edificios altos de viviendas en Birmingham y Glasgow, pero es en Londres donde Seifert dejó su marca: el hotel Kensington Palace afea Kensington Gardens tanto como la Tolworth House; con sus veintidós plantas e influida por el expresionista brasileño Oscar Niemeyer, destaca desproporcionadamente sobre Kingsway. Según la necrológica publicada por el *Guardian* en octubre de 2001, «Seifert construyó más edificios en Londres que sir Christopher Wren, y es innegable que ha tenido un efecto igual de grande en el paisaje de la ciudad».

Por supuesto, Seifert no estaba solo. La Corporación de Londres, un poco de mala gana al principio, fue inducida por el LCC a hacerse cargo de la zona bombardeada del Barbican, de veinte hectáreas, y construir allí un complejo de viviendas, teatros y otras instalaciones. El único edificio de la zona que había sobrevivido a los bombardeos era Saint Giles Cripplegate, la iglesia donde estaba enterrado Milton. El brutal resultado, basto y amenazador, se alza sobre un caos de calles arremolinadas. Orientarse en ellas, a pie o en coche, es una empresa peligrosa. Pocos habrá que consideren que el Barbican Centre es una obra bella.

Cuando se le pidió, en 1959, que rediseñara el Real Colegio de Médicos, cerca de las *terraces* de Nash en Regent's Park, Denys Lasdun respondió con una mala imitación de Le Corbusier. El mundo académico quedó tan impresionado por los extravagantes resultados que le encargó a Lasdun la reconstrucción de la Escuela de Estudios Orientales y Africanos de Bloomsbury y la Universidad de East Anglia. Los que anhelaban un Teatro Nacional, ávidos de más capas de hormigón desproporcionadamente grandes, le invitaron a adornar las orillas del Támesis con sus protuberancias rectangulares.

Mientras estas obras maestras del gusto del siglo XX se alzaban ante los ojos de los londinenses, el gobierno encargó a Basil Spence el diseño de un bloque de torres para Knightsbridge Barracks (aprobado en 1960, y construido en 1967).

Los edificios públicos o universitarios de Lasdun pueden parecer ahora motivo de risa, pero imaginen lo que es tener que vivir en el complejo de viviendas que diseñó en Claredale Street (Bethnal Green), que se alza dominante sobre los viejos edificios, atractivamente proporcionados. «A Lasdun –ha escrito un admirador–[3] se le dio a principios de los cincuenta la oportunidad de explorar algunas de sus ideas en la realidad.»

Es posible que el «complejo de viviendas» fuera preferible a los bloques verdaderamente altos en los que las autoridades responsables de la vivienda hacinaron a los londinenses, por lo general a los londinenses pobres, en los años cincuenta y sesenta. Hay estudiantes de arquitectura que aseguran que la torre Trellick de Ernö Goldfinger, en North Kensington, es una obra de arte, pero la mayoría de la gente la considera un adefesio, una afrenta a todos los ideales tan conmovedoramente expresados en el Festival of Britain.

Nos hemos detenido mucho en la arquitectura porque es el aspecto dominante del Londres de posguerra: había que reconstruir la ciudad de algún modo y se hizo de un modo particular. Pero los años cincuenta fueron también una época de creciente prosperidad. El puerto de Londres se había reparado, y a mediados de la década seguía siendo el mayor contratista de mano de obra de la capital, con mil barcos atracando en él cada semana. Las industrias de los suburbios eran más productivas que nunca. La industria aeronáutica de Londres –Vickers en Weybridge (Surrey), Viscount en Colindale, al oeste de Hendon– vivió una época dorada, en la que Hatfield de Haviland presentó el primer avión de línea a propulsión, el Comet.

En Dagenham (Essex), Ford estaba produciendo 250.000 automóviles al año. Todo esto iba a cambiar a principios de los sesenta; pero incluso después del desastre de Suez en 1956 y la dimisión de Eden, que fue sustituido por Macmillan, la mayoría de los londinenses aún no veían claro que la posición de Inglaterra en el mundo, y su propia identidad, hubiesen cambiado de manera irrevocable.

Los londinenses podían creerse el pretencioso eslogan político de Harold Macmillan de que «nunca les había ido tan bien». Si esto era cierto para los que cumplían la ley, también lo era, por extensión, para los delincuentes, ya que al fin había más dinero que robar, después de años de austeridad. Se pusieron de moda los robos de nóminas, como el que se parodiaba en la comedia de la Ealing *Oro en barras*, y la banda de Billy Town, con base en Camden Town, se llevó 287.000 libras en efectivo de una furgoneta de correos que atracaron en Eastcastle Street (Marylebone). Los *blaggings*, que es como los simpáticos delincuentes cockneys de la cantera local llamaban a este tipo de robos, aumentaron un 68 por ciento en Londres entre 1955 y 1957. Charlie y Eddie Richardson dirigían una de las bandas más despiadadas del sur de Londres, dedicada a la venta de protección. Ronnie y Reggie Kray, gemelos de Bethnal Green (nacidos en 1933), se especializaron también en protección y clubes de juego, donde podían gozar de los beneficios de la extorsión, la tortura y el robo, con los placeres añadidos del ascenso social y el gozo de ser fotografiados con figuras como Judy Garland, George Raft (que a su vez tenía conexiones con la Mafia) y lord Boothby, el célebre amante bisexual de la esposa del primer ministro, lady Dorothy Macmillan.

La conexión de Boothby con los gángsters de Bethnal Green era de tipo sexual, pero fue uno de esos satisfactorios recordatorios de cómo Londres está interconectado por tenues lazos de amistad y conocimiento, y de cómo se entrelazan los delitos de los pobres y los de los ricos. Así como los salteadores de caminos florecieron en la primera época de los bancos y la Bolsa, durante el reinado de la reina Ana, parece adecuado que en la era del Supermac los principales negocios de Londres fueran la especulación inmobiliaria y la venta de protección. Nunca les había ido tan bien. Y esa impresión da cuando se ven las fotografías de Dan Farson sobre la vida bohemia en los bares del Soho, o se leen las picantes novelas de Iris

Murdoch sobre adulterio y homosexualidad en el mundillo artístico de Londres.

Después de los heroicos años de guerra y de la necesidad de que todos unieran fuerzas y se comportaran bien, había una palpable necesidad colectiva de portarse mal, o al menos de aparentar que uno se portaba mal. En 1955, la policía hizo una redada en la legendaria taberna Fitzroy, en el norte del Soho. Encontraron entre cincuenta y ochenta personas que «se exhibían desvergonzadamente» con «colorete» en las mejillas y el pelo «escandalosamente teñido». El agente Pyle dijo en su informe que había sido abordado por una prostituta que le preguntó con una seductora sonrisa: «¿Buscas una chica mala o un chico malo?».[4] Las décadas siguientes iban a demostrar que Londres tenía abundancia de las dos cosas para elegir, y que era muy poco lo que la policía podía hacer para pararles los pies.

13

El fin del sombrero hongo

Hasta finales de los años sesenta o principios de los setenta, si te situabas en el andén de una estación de ferrocarril suburbano o de cercanías de Inglaterra, era posible identificar a los pasajeros varones que se dirigían a Londres. Eran los que llevaban sombrero hongo. Cuando Peter Walker terminó su servicio militar en los años cincuenta, se le ofreció un puesto de agente de seguros en la empresa Griffiths Tate, de la City. «Se incorporará al Departamento Americano el 1 de mayo», se le informaba en la carta de citación. «Su salario será de trescientas libras al año, sus horas de trabajo serán de 8.45 de la mañana a 5.30 de la tarde de lunes a viernes, y de 8.45 a 12.00 los sábados. Tendrá dos semanas de vacaciones al año. Llevará sombrero hongo al entrar y al salir de la oficina».[1]

Miles, decenas de miles de oficinistas del servicio civil, del periodismo y de la City vestían ropa casi idéntica: traje oscuro, sombrero hongo, un paraguas plegado en el brazo. En los años setenta, estas figuras parecían ya anticuadas. En los ochenta, un hombre de menos de cincuenta años con sombrero hongo resultaba sencillamente extravagante. La vestimenta proclamaba una visión interior de uno mismo. Los diversos lugares de trabajo de Londres, el Colegio de Abogados, la City y hasta cierto punto la fraternidad de periodistas de Fleet Street se veían como instituciones, casi como clubes, a cuyas reglas se esperaba que se sometieran los muchachos (aquel era un mundo básicamente masculino).

En realidad, la eficiencia y la capacidad de crear riqueza de la City dependían de que los agentes y corredores pertenecieran todos, en la práctica y no solo en teoría, a un grupo social compacto. Los pequeños bancos comerciales y compañías de inversiones, las empresas de seguros de tipo familiar, las agencias de corredores de Bolsa... todos estaban impregnados de varios tipos de pegamento social que permitían a los muchachos mantenerse unidos y saber «quién era cada uno». Estaban los colegios privados en los que habían sido educados los muchachos más ricos, estaban los clubes a los que pertenecían y estaban las empresas gremiales que administraban las instituciones de la City. Estaban las antiguas familias, que todavía dominaban en la City.

–Hola, Jacob, ¿qué haces ahora? –le preguntó alegremente el periodista Paul Foot a su viejo conocido de Oxford, Rothschild, cuando se encontraron en los años sesenta.

–Trabajo en el banco que lleva mi nombre –fue su respuesta.

Los Hambro, los Baring, los Catto, los Cazenove, eran la aristocracia de la City, pero había un ejército de personajes menores, todos adinerados, que pertenecían al club. No tenían ninguna intención de hacer negocios sucios: era muy evidente que eso no les interesaba. Querían hacerse ricos, pero honradamente y con «dinero sólido».

Pero se avecinaban tiempos diferentes. El «big bang» de la City tuvo lugar el 27 de octubre de 1986, cuando se introdujeron las nuevas tecnologías. Entonces era posible comprar y vender acciones fuera del parquet de la Bolsa de Londres. Los muchachos, en sus salas de juntas con artesonados, en sus clubes y en sus salones de la City, ya no tenían ningún control sobre quién vendía y compraba. Muchos de los que ascendieron a puestos prominentes en el nuevo y acelerado mundo de las finanzas eran arribistas ambiciosos que, desde luego, no habían ido a la universidad con nadie famoso y, por supuesto, no tenían bancos con su mismo nombre. Tim Congdon, en un artículo publicado en *The Spectator* una semana antes del big bang, comentaba:

> Es un espectáculo complementario, casi un subproducto, de un big bang mucho mayor que ha transformado las finanzas internacionales en los últimos veinticinco años. Este bigger bang tiene la misma relación con el big bang que la construcción de Canary Wharf con la restauración de la Real Bolsa. El primero ensombrece y empequeñece por completo al otro. Mientras que el bigger bang es un nuevo rumbo en la pauta de las actividades financieras internacionales, el big bang se limita a alterar el modo en que se lleva un negocio establecido desde hace mucho tiempo.[2]

El hundimiento del Barings Bank en 1995, una empresa impecable e irreprochable durante ciento cinco años, fue una parábola de lo que estaba ocurriendo en la City de Londres, que William Rees-Mogg comparó con el hundimiento del *Hood* en la Segunda Guerra Mundial. El corredor de veintiocho años que parecía haber provocado el colapso sin ayuda de nadie fue Nick Leeson, nacido en una casa de propiedad municipal en Watford, cuyas misteriosas actividades delante de una pantalla de ordenador en Singapur provocaron inmensas pérdidas, de cientos de millones. Habría que ser un cabezota simplón para suponer que la historia de Nick Leeson solo demostraba lo que ocurría cuando uno dejaba entrar en el club a un muchacho que no era como debía ser. El *Sunday Times* comentó acerca del hundimiento de Barings que «en lenguaje de la calle, el equipo directivo de Barings decidió saltarse un semáforo en rojo tras otro en una frenética carrera en busca de beneficio "fácil". Después, en los últimos momentos, cuando estaba claro que la siguiente parada iba a ser una pared de ladrillo, lo revolvieron todo desesperadamente en busca de alguien, que no fueran ellos, a quien echar la culpa. Leeson, el advenedizo de Watford, era la cabeza de turco perfecta».

Lo cierto es que en el período culminante de Margaret Thatcher y el thatcherismo, cuando no existía una sociedad digna de este nombre, todos, y no solo la familia Baring, se hicieron adictos a la idea de que el trabajo era una cosa del pasado. Se podía ganar dinero por arte de magia. Los yuppies o embaucadores que sabían cómo manejar los arcanos misterios del ordenador y los mercados que parecían controlar podían ganar sumas de dinero que las generaciones anteriores no habían ni soñado.

El sueño afectó a todo Londres: fue como si una burbuja del Mar del Sur colectiva se hubiera apoderado de la imaginación londinense. Puede que en la City todavía hubiera personajes anticuados, de los que antes iban a trabajar con sombrero hongo y que ahora deploraban lo que estaba ocurriendo, pero no podían hacer nada y vieron impotentes cómo la Corporación de Bancos Suizos se hacía con Warburgs, cómo Kleinwort Benson era absorbida por el Dresdner Bank, y cómo todos los grandes bancos comerciales británicos, algunos de los cuales llevaban operando en la misma sede desde el reinado de Guillermo III, caían en manos extranjeras y colectivas. (Tal como implica la frase, Inglaterra misma se las había apañado muy bien para escapar del control holandés ya en aquel tiempo.)

Era fácil pronunciar frases sentimentales acerca de los viejos tiempos, pero el poder del mercado para hacer ricos a los londinenses a corto plazo era como una droga. Los londinenses veían cómo el precio de sus pisos y casas se duplicaba, se cuadruplicaba y volvía a duplicarse. Los autores que antes habían cobrado unos pocos cientos de libras por sus libros descubrían de pronto que el negocio editorial se podía tratar como cualquier otra industria, que era posible pagar enormes sumas por el control de empresas y grupos, mientras a ellos se les ofrecían las correspondientes fortunas. Los gerentes y editores que intentaban cuadrar las cuentas tenían tantas posibilidades de conseguirlo como el académico de Swift intentando extraer rayos de sol de los pepinos.[3]

El viejo Londres había sido un lugar de trabajo en el que las clases acomodadas estaban en minoría. El nuevo Londres se convirtió en un campo de juegos donde los que trabajaban, en el sentido habitual de la palabra, eran muchos menos que los que buscaban ocio, emociones, gratificación. El Londres de los últimos cuarenta años se ha ido haciendo más rico de lo que ha sido nunca en ningún período de su historia. El valor de las casas ha aumentado constante y considerablemente. Cada vez que hay un boom en el mercado de propiedades, una minoría queda atrapada. Han pedido demasiados créditos; durante un breve período, su propiedad vale menos de lo que pagaron por ella y ellos son víctimas de la «equidad negativa». Pero en cuanto pasan unos años, la misma propiedad ha vuelto a multiplicar su valor.

Esta economía de montaña rusa, en la que el piso o la casa en la que vive un londinense se convierte en su posesión más valiosa, ha producido la peculiar mezcla de angustia y ociosidad que caracteriza al Londres moderno. A todo el que es propietario de una vivienda le preocupa no poder pagar la hipoteca, pero sabe que si puede conservar un empleo asalariado de cualquier clase, el huevo de su nido le hará rico. Un estudio (que en la jerga de las agencias significa una habitación) comprado por 23.000 libras en 1978 valía 122.000 en 1999; la casa comprada por 350.000 libras en 1997 vale más de un millón en 2004. Los que no pueden reunir dinero suficiente para entregar un adelanto para un piso o una casa se limitan a buscar alguna otra manera de tener un techo sobre su cabeza. Las viviendas de propiedad municipal varían muchísimo en calidad: algunas son cochambrosas y otras están bien. Si nunca vas a poder ganar lo suficiente para hacerte esclavo de una hipoteca, ¿para qué ahorrar? Gana o consigue lo suficiente para pagar lo imprescindible y gástate el resto.

Si uno pasea por Londres –cualquier parte de Londres, rica o pobre– un día laborable de 2003, lo que más le llama de inmediato la atención es que la mayoría de la población no está trabajando. Muchos están de compras. Muchos están sentados en cafés o bares. En las oficinas de correos hay largas colas. Menos de la décima parte de las personas de la cola está esperando para enviar un paquete. La mayoría hace cola para sacar dinero. Una persona anticuada seguramente se escandalizaría al observar la extraordinaria ociosidad de los londinenses, y rememoraría con nostalgia los tiempos en que los muelles daban trabajo a decenas de miles de esforzados estibadores, descargadores, balseros y peones de muelle; cuando por todo Londres había fábricas y talleres que requerían la mano de obra física de gente capaz de hacer motores, pianos, candelabros, relojes, camisas o vinagre.

De hecho, todos los negocios londinenses de crecimiento más rápido en los veinte últimos años del siglo XX se basaban en el principio sociológico de que el trabajo, tal como lo entendían nuestros antepasados, era ya prácticamente innecesario. Sandwicherías, tiendas de discos, tiendas de ropa barata pero de moda, bares, restaurantes, hoteles, galerías de arte privadas, clubes nocturnos para los jóvenes y los muy jóvenes... esas fueron las cosas que hicieron ricos a los emprendedores en el período de 1965 a 2003... esas y el tráfico de drogas ilegales, que eran consumidas por una mayoría de los londinenses menores de veinte años.

Al comienzo de los Swinging Sixties, la economía de Londres, que aparentemente se basaba en sus muelles y manufacturas, parecía estar en declive terminal. Cuando unos músicos pop de pelo largo que tomaban drogas grabaron unos discos en Abbey Road, en Saint John's Wood, a los intransigentes les debió de parecer que aquello era el último clavo en el ataúd de la civilización. Tal vez lo fuera, pero los Beatles y los Rolling Stones, al mismo tiempo que se hacían inmensamente ricos, estimularon la economía más que cien fábricas de los viejos tiempos cockneys haciendo esencia de café o betún para zapatos. En los años sesenta, las clases trabajadoras de Londres produjeron una galaxia de figuras destinadas a estimular la economía de maneras similares con películas, música, moda: David Bailey, el fotógrafo de East Ham, Terence Stamp, Michael Caine, los Rolling Stones, los Who, Adam Faith, Helen Shapiro e incontables más. Fue muy comentado que cuando los Beatles aparecieron en el balcón del ayuntamiento de Liverpool tras el estreno mundial de *Qué noche la de aquel día* no se quedaron a la recepción que les habían preparado sus atentos paisanos, sino que regresaron al instante a Londres, que los había consagrado y donde se habían grabado sus mejores discos.[4]

La tendencia a conseguir algo por nada, que parecía enriquecer a los accionistas y embaucadores, no podía dejar de infectar a los supuestamente opuestos al capitalismo, ya que es imposible tocar el alquitrán sin embrearse. El gallardo líder del Greater London Council (GLC) presentó una «iniciativa de tarifas bajas», «Just the Ticket» (Solo el Billete) y «Fares Fair» (Tarifas Justas), que obligó a London Transport a reducir gastos, pero no aportó ningún medio viable para pagar tanta magnanimidad. Durante la operación de «Tarifas Justas» en 1982, el número de vagones durante las horas punta se redujo en un 6 por ciento. Había muchos que veían al líder del GLC, Ken Livingstone, como una especie de héroe. Pero la política de Londres, al menos desde la época victoriana, siempre ha estado contaminada por intereses de partido y motivos poco claros. Se hace difícil ver a Livingstone, en su manifestación del GLC, con su deseo de abolir la antigua alcaldía y la Corporación de la City, como un gran benefactor de Londres. Compárense las casas, pisos y parques (incluido Hampstead Heath) administrados por la Corporación de Londres con los sucios, deteriorados y mal mantenidos equivalentes administrados por el GLC o las juntas de distrito.

El Greater London Council nació en 1965. La Ley de Gobierno de Londres de 1963 ampliaba la jurisdicción del antiguo London County Council pero, a decir verdad, creaba más confusión de la ya existente en cuestiones como, por ejemplo, la política de transportes, controlada por al menos tres poderes en conflicto. Las juntas de distrito se hicieron cargo del mantenimiento de las calles, y el GLC se hizo responsable de la política de estacionamiento, pero en las grandes vías de la capital y sus alrededores la responsabilidad seguía siendo del Departamento de Transportes del gobierno central. En la cuestión de la vivienda hubo complicaciones burocráticas similares, con las juntas de distrito rivalizando con el GLC y culpándose mutuamente del espantoso diseño y la inadecuada provisión de viviendas. A los conservadores les gustaba señalar que el GLC y los distritos laboristas despilfarraban dinero y cobraban tasas más altas que los barrios tories. El GLC quería invertir dinero en subvencionar teatro independiente y efímeros proyectos de moda, sin ofrecer ninguna contribución importante a los teatros de ópera ni a las orquestas de la capital. Los conservadores victorianos, dirigidos por lord Salisbury, estaban encantados con la idea de que las juntas de distrito estuvieran en conflicto con un LCC liberal. En los años ochenta del siglo XX se suponía que el Partido Laborista estaba en manos de «extremistas». La declaración Limehouse, publicada desde la residencia en el East End de un ex ministro laborista de Asuntos Exteriores, David Owen, anunció la formación del Partido Socialdemócrata, que en principio atrajo a los que consideraban que el Partido Laborista se estaba volviendo trotskista y que Livingstone, que siempre tuvo más de *showman* que de personaje político sólido, permitía que los conservadores lo presentaran como un «extremista». Con muy poco alboroto, el gobierno de la señora Thatcher abolió por completo el GLC y puso en venta el County Hall, esa encarnación arquitectónica de las esperanzas cívicas de Londres, que se describió en los anuncios como «la más apasionante oportunidad inmobiliaria de Londres».

Los conservadores y los socialistas, tanto en el gobierno central como en el local, fracasaron estrepitosamente en sus intentos de dotar a Londres de un gobierno eficiente. En la era Thatcher, la ciudad más grande y más rica de Europa contenía, en distritos como Tower Hamlets, algunas de las zonas urbanas más pobres. El problema de la gente sin hogar se desbordó en las calles, y la estructura brutalista de teatros y paseos de Lasdun, en la orilla sur, se convirtió en «la ciudad de cartón», un poblado de chabolas. Este espectáculo casi peruano podía contemplarse desde las infantiles estructuras modernistas producidas en serie en la City, donde los especuladores ganaban «bonificaciones» de un millón de libras al año.

No volvió a verse una pobreza del nivel que Londres había conocido en los primeros años del siglo XX, pero la brecha entre ricos y pobres se hizo más grande, dando más motivos, y algunos hasta dirían que justificaciones, para que los pobres sin empleo ni educación pensaran que la única reacción natural a su lamentable situación era el delito. Muchos se encontraron –y tal vez sea inútil especular sobre quién tuvo la culpa– atrapados en una «trampa de pobreza», ya que con los trabajos no cualificados que podían conseguir ganaban menos de lo que recibían como subsidio de paro. Algunos culpaban de esto a la cultura de dependencia creada por un sistema demasiado liberal del Estado de bienestar; otros lo achacaban a la falta de imaginación de los gobiernos y la patronal, incapaces de encontrar ocupaciones y empleos adecuados para los jóvenes. Estaba creciendo una generación que no sabía nada del sistema de aprendizaje, en una economía que ya no dependía ni de la industria de fabricación ni, en gran medida, del trabajo manual. Estos niños, nacidos en las viviendas municipales modernistas de Tottenham, Catford o Staines, enviados a colegios generalistas mal gestionados y a los que no se les ofrecía ninguna esperanza ni estímulo, no eran tan pobres como los de un taller victoriano, ni como los que participaron en la Marcha del Hambre de Jarrow. Pero los pobres de épocas anteriores podían aspirar, al menos, al narcótico del trabajo manual, en lugar de acudir al señuelo de los narcóticos que se venden en las calles de Londres, como el crack, la cocaína o la heroína, sustancias que una vez que se prueban son difíciles de dejar y, una vez que se cae en el hábito, puede que para mantenerlo haya que recurrir al delito violento.

Un buen número de personas atrapadas en la trampa de la pobreza eran de raza blanca. Pero, como era de esperar, dada la estructura socioeconómica de Londres en este período, una elevada proporción de los que se encontraron sin trabajo y cayeron en la delincuencia eran negros.

Gran parte del periodismo barato y de la propaganda neofascista que insiste en este fenómeno saca la fácil conclusión de que los jóvenes negros tienen una propensión natural al delito violento. ¿Acaso las estadísticas no hablan por sí mismas? ¿Acaso la mayoría de los delitos callejeros, la mayoría de los atracos, no son cometidos por jóvenes varones de origen afrocaribeño o africano, sobre todo de los primeros? Atribuir una causa racial a la delincuencia de los jóvenes negros de Londres es como sugerir que las mujeres filipinas tienen una obsesión innata por las faenas domésticas, que las impulsa a buscar trabajos mal pagados en hoteles europeos, o que las niñas tailandesas, reclutadas para la prostitución al servicio de los turistas sexuales, son lascivas por naturaleza. No es difícil ver que todos estos jóvenes son producto de unas condiciones políticas y económicas sobre las que no tienen ningún control. Londres ha sido un buen sitio para observar el fenómeno de la mezcla racial y la migración de finales del siglo XX. Muchas de las cosas que han ocurrido aquí han hecho derrumbarse prejuicios estereotipados.

14

Londres, cosmópolis

Escribo esto en la tarde de un típico día londinense. Dejo a mi hija en el colegio con su cuidadora mexicana y sus amigos, cuyos padres son, por nombrar solo siete nacionalidades, italianos, afroamericanos, japoneses, chinos, palestinos, alemanes e indios. Después de dejar a mi hija en el colegio, cuyo portero es etíope, vuelvo a casa para abrirle la puerta a un tapicero sij. (Él y su padre han tenido tanto éxito trabajando en Kentish Town que se han podido construir una estupenda casa familiar en las montañas del Punjab.) Saludo a la señora de la limpieza, que es brasileña, y me dirijo a desayunar al café italiano más próximo; de ahí voy a la Biblioteca Británica, donde dos mujeres africanas y una chipriota comprueban mi pase, y donde una variedad de excelentes y solícitos bibliotecarios se encargan del mostrador de préstamos y devoluciones. Hoy son dos antillanos, un italiano, varios africanos de diferentes nacionalidades y también un inglés blanco. El pelo me lo corta un malayo.

Después voy a comer al Traveller's Club, donde la comida me la trae un simpático camarero búlgaro, el vino una francesa, y el café un egipcio. Vuelvo a casa en un metro conducido por un nativo de Trinidad, compro el periódico de la tarde en una tienda paquistaní, recojo unas prendas limpias en la tintorería Paradise de Park Way, propiedad de una familia irlandesa, y compro una botella de licor al irlandés y la irlandesa que llevan la tienda de licores del barrio. Entro en la librería propiedad de unos refugiados de la Viena de Hitler y su hijo, saludo a algunos vecinos –un blanco de Zimbabwe y un americano casado con una griega– y me voy a casa. Bogdan, un carpintero polaco, viene a hablar sobre la reconstrucción de unos estantes que instaló en nuestra cocina un vaquero inglés. Como esta noche viene la canguro, mi mujer y yo decidimos si vamos a cenar al restaurante italiano o al indio, o si aventurarnos un poco más lejos y probar un nuevo restaurante ruso que parece interesante.

Todas las personas que me he encontrado hoy son londinenses y no siento que sean más extranjeros en la ciudad que yo mismo, que vine aquí, como vinieron miles antes que yo, tras una infancia en provincias.

En abril de 1968, un ex ministro de Sanidad conservador, J. Enoch Powell, pronunció un discurso en Birmingham que iba a reverberar en Gran Bretaña durante las últimas décadas del siglo XX. Exigía la interrupción inmediata del flujo de inmigrantes al Reino Unido y proponía una política de «reemigración» a los países de la Commonwealth británica de donde habían venido los inmigrantes: el Caribe, Bangladesh, Paquistán e India, además de varios países africanos. Dijo que era una locura permitir que cada año entraran en Gran Bretaña cincuenta mil inmigrantes y sus familiares. «Era como ver una nación afanándose en apilar su propia pira funeraria.» Y con una alusión a la sibila de Cumas (sexto libro de la *Eneida*), dijo que veía el Tíber espumeando de sangre.

A los pocos días, el líder del Partido Conservador, Edward Heath, había destituido a Powell de su «gabinete en la sombra», y Enoch se había convertido en un héroe de la clase trabajadora entre gente tan improbable como los obreros portuarios comunistas. El 23 de abril, día de San Jorge, aquellos patriotas que casi habían arruinado al puerto de Londres con sus continuas huelgas y sus extravagantes demandas salariales decidieron que la verdadera razón de que se hubieran terminado más de novecientos años de próspero tráfico en el puerto era la inmigración. En el muelle de Saint Katherine, dos mil hombres se declararon en huelga y se manifestaron hasta Westminster enarbolando banderas que proclamaban al mundo que Enoch tenía razón. Cuando llegaron a la Cámara de los Comunes, irrumpieron en el vestíbulo central, donde un payaso bigotudo que respondía al nombre de sir Gerald Nabarro (bonito y antiguo apellido inglés), miembro del Parlamento, recibió atronadoras ovaciones al manifestar su apoyo a las opiniones de Enoch.

Pero ahora estamos ya en el siglo XXI, y el Tíber, que suponemos que para Powell significaba el Támesis, aún no espumea de sangre. El pánico, basado principalmente en el color de la piel de los nuevos inmigrantes, ha caracterizado las respuestas británicas al cambio demográfico de los últimos cincuenta años de la historia de Londres. Cuando el vapor *Windrush* atracó en Tilbury el 22 de junio de 1948 y 492 individuos procedentes del Caribe pisaron suelo británico (la mayoría de ellos para establecerse en Brixton, al sur de Londres), un portavoz del Departamento Colonial dijo que «esta afluencia desorganizada es un desastre. No sabemos nada de ello». A mediados de los cincuenta, los inmigrantes del Caribe llegaban a Londres a razón de unos mil al año, pero solo un tercio se establecía en la capital. Eran veinte mil a mediados de los cincuenta, y en 1961 ya habían entrado en Gran Bretaña casi cien mil. Fue inevitable que se produjesen algunas reacciones racistas, sobre todo en Notting Hill, donde, en el caluroso verano de 1958, hordas de hasta setecientos «Teddy boys» y unos cuantos fanáticos fascistas de más edad atacaron a los negros que vivían en modestas casas de huéspedes de North Kensington.

En 1981, del 10 al 12 de abril, hubo violentos disturbios en Brixton, donde jóvenes negros se enfrentaron a la policía como protesta por lo que consideraban brutalidad policial; la multitud creía, equivocadamente, que un policía había apuñalado a un joven. Los saqueos e incendios que se produjeron no podían compararse con los Disturbios de Gordon, pero el alboroto fue suficiente para provocar una grave alarma. El arzobispo de Canterbury, el doctor Robert Runcie, que había estado en el Club Conservador de Oxford con la primera ministra Margaret Thatcher, hizo que esta se sintiese molesta al sugerir que los disturbios no eran simplemente raciales, sino que reflejaban la sensación de frustración de los jóvenes en una zona urbana deprimida y con pocas posibilidades de encontrar empleo.

En septiembre de 1985, hubo más disturbios en Brixton cuando la señora Cherry Groce recibió un tiro de la policía, disparado con una Smith and Wesson del calibre 38. Los daños causados se valoraron en tres millones de libras. Una semana después, en un espantoso edificio de viviendas de Broadwater Farm, en Tottenham, al norte de Londres (un edificio con el que el Departamento de Arquitectos de Haringey, que lo diseñó en 1971, había ganado premios, pero que entonces estaba prácticamente inhabitable), la policía irrumpió en la casa de un sospechoso. La señora Cynthia Jarett sufrió un ataque mortal al corazón durante el registro policial y estallaron incendios por todo el edificio. Un policía local muy apreciado, el agente Blakelock, fue atacado por una multitud enfurecida. Murió tras ser apuñalado más de cuarenta veces con cuchillos y machetes. Se oyó a alguien gritar que había que decapitarlo.

A las diez y media de la noche del jueves 22 de abril de 1993, un joven negro de dieciocho años, Stephen Lawrence, fue asesinado en la esquina de Well Hall Road con Dickson Road, en Eltham. Al parecer lo mató una banda de cinco o seis jóvenes blancos, y parece que el motivo del crimen fue racista. También resultó herido otro negro amigo suyo. Stephen había sido un joven estudioso y pacífico, que tenía intención de estudiar arquitectura. Sus padres adquirieron renombre nacional, incluso internacional, por la persistencia con que intentaron que se hiciera justicia. Nadie fue procesado por el asesinato, y en todas las investigaciones posteriores la Policía Metropolitana tuvo que aguantar un chaparrón de autorreproches, que tal vez merecían desde hacía mucho tiempo, por su «racismno institucional».

Ninguna de estas cosas –los disturbios de Notting Hill, los de Brixton, el tumulto del edificio de Broadwater Farm o el asesinato de Stephen Lawrence– se puede tomar a la ligera. Sin embargo, el mero hecho de que estos incidentes hayan quedado registrados en los anales de la historia de Londres es, sin duda, significativo. Si alguno de ellos hubiera ocurrido en una gran ciudad estadounidense se habría considerado algo normal. Solo se habría podido encontrar información en los archivos de los periódicos locales. Lo cierto es que, en su mayor parte, Londres no se ha cubierto de sangre ni ardido en llamas. Ha seguido siendo bastante apacible. El racismo de la población blanca, institucional o privado, no ha sido comparable al del Ku Klux Klan, y casi todas las profecías de desastre han quedado incumplidas.

Pero no cabe duda de que la inmigración masiva ha cambiado el carácter de Londres y ha creado problemas. El propio Enoch Powell, siendo ministro de Sanidad, describió el Servicio Nacional de Sanidad como «la envidia del mundo». En aquella etapa de su carrera también le gustaba la idea de identificar los imperios británico y romano. Como estudioso de los clásicos, le agradaba pensar que los habitantes de Nigeria, Jamaica o Pakistán pudieran decir: «Civis Romanus sum». También estuvo dispuesto, cuando era ministro de Sanidad, con escasez (ya en aquellos tiempos) de médicos, enfermeras, celadores y limpiadores de hospitales, a importarlos de los antiguos dominios y colonias.

Se podría decir sin faltar a la verdad que los hospitales nacionales de Londres, los autobuses y los trenes del ferrocarril suburbano habrían dejado de funcionar hace décadas de no ser por la disposición de los inmigrantes y sus descendientes a trabajar por salarios bajos. No obstante, los colectivos de inmigrantes tienden a dividirse siguiendo las líneas del origen nacional y la circunstancia económica. Los chinos, los indios y paquistaníes, los orientales de África y muchos de los africanos occidentales –sobre todo de Ghana y Nigeria– han prosperado en gran medida en términos mundanos y económicos. Estos inmigrantes han seguido la pauta establecida por anteriores grupos de inmigrantes, como los judíos de los años treinta o de finales de la época victoriana o los hugonotes de principios del siglo XVIII: llegaron pobres, pero prosperaron con algún tipo de negocio, y de ese modo no solo se enriquecieron ellos, sino que enriquecieron también a Londres.

Pero este no suele ser el caso entre las familias afrocaribeñas. Muchos de sus miembros encontraron trabajos muy mal pagados, como niñeras, cobradores de autobús o limpiadores. Su inmigración coincidió con un período en el que el crecimiento de posguerra había terminado y el desempleo aumentaba. Esto ocurrió de manera especial en Londres. Debido en parte al comercio mundial, y en parte al declive de la fortuna nacional, los muelles de Londres empezaron a cerrar y su declive se vio muy acelerado, como ya hemos dicho, por las insensatas exigencias salariales de los obreros portuarios, todos blancos. El muelle East India, que cerró en 1967, el de Saint Katherine y, por último, el de Londres, no podían competir con Rotterdam o Dunkerque. (En el año 2000, por el puerto de Londres solo pasaron diez millones y medio de toneladas de mercancías, apenas una parte de lo que pasaba por él en sus buenos tiempos.) La industria de fabricación de Londres, igual que la del conjunto de la nación, empezó a reducirse drásticamente, hasta el punto de desaparecer a todos los efectos.

¿Qué podía, pues, hacer un joven caribeño en semejante período? Los grupos étnicos ayudan a los suyos no solo dándoles trabajo, sino también ofreciéndoles modelos y ejemplos de comportamiento. En los años veinte, el hijo del pobre sastre judío de Stepney podía soñar con poseer, si tenía suerte, una villa en el suburbio de Stanmore, como sus primos ricos. Sueños similares podían estabilizar y dar estímulo a la vida del joven paquistaní pobre cuyo tío había ganado mucho dinero con los ordenadores, o del bangladesí dueño de una cadena de restaurantes que empezaba en Brick Lane y terminaba en el West End. En 1968, Enoch Powell tuvo el mal gusto de predecir que, pocas generaciones más tarde, «el negro dominaría al blanco con el látigo en la mano». Nada podría haber estado más lejos de la verdad, ya que las oportunidades económicas y educativas se escapaban de la mano de los jóvenes negros, atrapados en la «trampa de pobreza» creada en parte por un sistema educativo deplorable, en parte por la cultura de dependencia producto de la beneficencia pública, y en parte por una cultura de las drogas en continuo auge.

Desde luego, estamos muy lejos de *Pasaporte para Pimlico*. Como ya hemos comentado, aquella película representaba una fase particularmente poco característica de la historia de Londres, cuando, debido a la Segunda Guerra Mundial y a pesar de la afluencia de refugiados judíos, había perdido gran parte de su riqueza y variedad cosmopolita. Para la generación anterior, la inmigración masiva era un fenómeno difícil de observar. Pocas personas blancas, si eran honestas consigo mismas, leyeron la noticia del asesinato del agente Blakelock en el bloque de Broadwater Farm sin que en una parte de su psique, por pequeña que fuera, cobrara forma la idea de que había ocurrido algo «primitivo», de que ahora los negros estaban mostrando su verdadera naturaleza. El asesinato de Stephen Lawrence ocho años después, con todo su carácter trágico, hizo que muchos blancos reconocieran que el «salvajismo» no era exclusivo de ningún grupo étnico.

Algunos radicales neofascistas hablaban de «repatriar» a los negros o a los asiáticos a la tierra de origen de sus abuelos, pero la mayoría de los londinenses, cualquiera que sea su origen, reconoce que todo ha cambiado, que en muchos aspectos ha cambiado definitivamente y que este cambio va más allá de la proliferación de restaurantes étnicos. Pero la mentalidad de fortaleza es difícil de suprimir del todo. Migration Watch UK, un nuevo grupo dirigido por un ex diplomático y un demógrafo de la Universidad de Oxford, predice que en el futuro próximo llegarán al Reino Unido dos millones de personas cada diez años. La población del Reino Unido ha aumentado espectacularmente desde finales de los años noventa, y la tasa de delincuencia ha aumentado proporcionalmente casi en la misma medida. Parece que en 2002 se instalaron en el Reino Unido 125.000 nuevos inmigrantes.[1]

La mayor proporción de «solicitantes de asilo», legales o ilegales, gravita hacia Londres, porque es ahí donde tienen más posibilidades de encontrar trabajo y donde más fácilmente pueden confundirse entre la multitud. Se espera que la población, que no ha parado de crecer desde 1989, llegue a los 8,1 millones en 2016, 700.000 habitantes más que ahora.[2]

La reacción a todos estos datos y cifras depende mucho del temperamento psicológico de cada uno. Era imposible que Londres se mantuviera estable después de la Segunda Guerra Mundial. Teniendo en cuenta el pasado imperial de Gran Bretaña y sus actitudes liberales –de las que se enorgullece– hacia los viajeros, los refugiados y los visitantes extranjeros, y teniendo en cuenta la invención de los aviones y los aeropuertos, era inevitable que un gran número de personas de diferentes partes del mundo deseara fijar su residencia en Londres. El aeropuerto de

Heathrow se inauguró como «Aeropuerto de Londres» en 1946, el de Gatwick en 1958 y el de Stansted en 1964. Dado que Londres ya no tiene una economía industrial, depende cada vez más de los miles de personas que llegan, la mayoría como turistas, y que aportan la principal fuente de ingresos de muchos restaurantes, hoteles y gente del espectáculo.

Londres es ahora una ciudad más parecida a Nueva York que a Roma o París. No tiene una identidad nacional concreta. En las grandes instituciones de la City, la mayor parte del personal, los fondos, los directivos y los propietarios mismos pertenecen a poderosísimas compañías no británicas, sino americanas, alemanas y japonesas. La economía depende de turistas no británicos que vienen en enormes cantidades para ser atendidos y alimentados, en general, por restauradores, hoteleros, artistas, prostitutas, etcétera, que tampoco son británicos. Mientras tanto, la gran mayoría de los trabajadores de a pie de Londres no puede permitirse vivir a menos de treinta kilómetros del centro, y la mayoría acude al trabajo utilizando sistemas de transporte público cada vez más insatisfactorios.

15

Londres trivial

La historia de Londres no se detiene, pero todo libro que pretenda hacer la crónica de dicha historia tiene que hacerlo. Quietos todos. Paren la cámara. Capten el momento: ahora, en el Londres donde escribo, en enero de 2003. En el *Independent* del miércoles 22 de enero hay dos artículos que, de maneras muy diferentes, captan el Londres contemporáneo.

El primero, escrito por Johann Hari, se titula «Lo que descubrí en la mezquita de Finsbury Park». Es un extraordinario trabajo en prosa. La mayoría de los londinenses descritos en este libro –Pepys, el doctor Johnson, Henry Mayhew, Herbert Morrison– se preguntaría, si lo leyeran, si es una obra de ficción. Edward Gibbon, que describió la derrota de los sarracenos por Carlos Martel en el capítulo 52 de su monumental *Historia*, comentaba que, de no haber tenido lugar esa victoria militar en el siglo VIII, «puede que ahora en los colegios de Oxford se enseñara a interpretar el Corán, y que en sus púlpitos se explicara a una población circuncidada la santidad y la verdad de la revelación de Mahoma».[1] Gibbon habría mirado con ojos sarcásticos la historia que cuenta el señor Hari, que, gracias a tener «un apellido de sonido vagamente islámico» (en realidad es suizo) y a haber estudiado filosofía islámica en la universidad, «y porque parezco un chico de doce años», logró introducirse en la mezquita del suburbio de Finsbury Park, al norte de Londres. Se construyó en los años noventa a instancias del príncipe de Gales, con la intención de que sirviera de centro recreativo, educativo y social para los numerosos jóvenes musulmanes que viven en la zona. Desde finales de los noventa, fue dominada rápidamente por extremistas, y la figura de Abu Hamza, con su único ojo y su garfio en lugar de una mano, se convirtió en un villano habitual en los periódicos sensacionalistas tras el 11 de septiembre de 2001. Johann Hari, en su artículo, se muestra impresionado por la violencia de la política de género que obsesiona a los jóvenes de esta mezquita. Aborrecen la manera de vestir «como putas» de las mujeres de Londres: «Estamos dejando que todas nuestras mujeres sean putas, unas jodidas putas guarras». «Ninguna conversación duraba cinco minutos sin que surgiera este tópico. Al fin y al cabo, estos son jóvenes sexualmente frustrados, que están convencidos de que hasta la masturbación es inmoral; y como todos los que reprimen fanáticamente su sexualidad, han empezado a odiar lo que desean.»

Abu Hamza, el Capitán Garfio de estos niños perdidos, alimenta sus mentes con lo que Hari llama «fascismo teocrático». Pero cuando la policía registró la mezquita y encontró en ella una serie de cosas que preocuparon a las fuerzas de seguridad, Johann Hari no pudo evitar sentir «un cierto toque de tristeza»: «Privada de Hamza, privada del puñado de predicadores lunáticos que gravitan hacia ella, la mezquita podría convertirse en un magnífico centro comunitario para los musulmanes de la zona, como lo son las mezquitas del mundo árabe».

Los optimistas están dispuestos a creer que todas las mezquitas de Londres, cuyo número va en aumento, proporcionarán similar refugio e inspiración en tiempos de gran confusión. Londres, que ha visto las hogueras de Smithfield, donde una reina católica quemaba a herejes protestantes, y los incendios de los Disturbios de Gordon, cuando la turba atacó a los católicos a finales del siglo XVIII, no desconoce el fanatismo religioso. Y, sin embargo, es difícil no sentir que se ha entrado en una nueva fase, en la que el fanatismo no es cristiano.

En el mismo ejemplar de *The Independent*, otra joven escritora, Jemima Lewis, directora de *The Week*, comenzaba un artículo con las palabras «Londres está siento atacado». No se refería a una amenaza terrorista, sino a los «profetas del apocalipsis» que creen que el transporte de Londres no funciona y que el crimen y la miseria están fuera de control. La señora Lewis no está de acuerdo:

> Lejos de irse a pique, Londres está mejor que nunca. Famoso en otro tiempo por su asquerosa comida, su aire pestilente, sus edificios ennegrecidos y su atmósfera de derrota, ahora es un lugar bello y cosmopolita con luces de neón. Si dudan de mi palabra, den un paseo nocturno por el puente de Waterloo. Las orillas del Támesis –durante tanto tiempo oscuras y abandonadas– están ahora resplandecientes de luz. Las vainas futuristas del London Eye, la silueta dorada de la Casa del Parlamento, el reluciente anuncio rojo de la torre Oxo, las luces parpadeantes de los lejanos rascacielos y la pálida cúpula plateada de San Pablo: Londres, que siempre careció de un paisaje nocturno como es debido, tiene ahora uno de los más fascinantes del mundo.

Jemima Lewis dice que hace cincuenta años Londres era una ciudad provinciana, con mala comida y actitudes fúnebres, pero que ahora se ha convertido en «una ciudad de placer. [...] Cada tarde, después del trabajo, miles de grises usuarios del bono de transporte se arrancan los trajes y se contorsionan como locos en clubes de salsa y clases de danza del vientre. Hemos recorrido un largo camino desde la caída del sombrero hongo».

Estas dos instantáneas periodísticas de Londres a comienzos del siglo XXI son correctas. Por una parte, la capital es un lugar donde el islam está ejerciendo más influencia, en muchos aspectos, que el cristianismo, y donde cada vez hay más jóvenes que no se sienten simplemente desilusionados, sino que odian ferozmente todo lo que tenga que ver con sus conciudadanos. Los jóvenes que llenan los bares y los clubes de salsa, y que la señora Lewis encuentra tan estimulantes, son anatema para los fanáticos de Finsbury Park. Todos conocemos ya el potencial explosivo de semejante situación.

Las luces de Londres hacen que parezca bonito de noche, pero probablemente hasta la optimista señora Lewis estaría de acuerdo en que gran parte del Londres moderno tiene un aspecto horroroso de día, sobre todo en un día lluvioso. La M22 que baja precipitadamente hasta confundirse con la North Circular Road que viene del este, la M1 que penetra ruidosamemnte en Finchley por el norte, la Westway que desciende por el oeste de Londres hasta el caos de Shepherd's Bush, todas atestadas de camiones y coches que vomitan humos tóxicos por sus tubos de escape, no constituyen un panorama alentador. Y solo el optimista más romántico encontraría algún placer para la vista en el amasijo de calles y feos edificios modernos situados al sur del río. Las viviendas de propiedad municipal, cubiertas de pintadas y esparcidas por todas las afueras de la ciudad, son criaderos de vicio y delincuencia. Los servicios de autobús están mal organizados. La financiación y la organización del ferrocarril suburbano son escandalosamente insuficientes.

No obstante, hay unas cuantas excepciones a estas sombrías observaciones. Después de generaciones de arquitectura aburrida, para la ampliación de la Jubilee Line se han encargado estaciones de metro en las que al fin se han recuperado el espacio, la luz, la perspectiva y la línea. La nueva estación de Westminster, de Michael Hopkins & Partners; la de Waterloo, de Sui Te Wu y su equipo; la de Southwark, de Richard MacCormac, y la de London Bridge, de Andrew Weston y Chris Williamson, son estaciones que impresionan. Canary Wharf, de Foster & Partners, dejó de ser una estación y se convirtió en un aeropuerto de imitación, con sus escaleras mecánicas aparentemente infinitas que introducen al creciente número de oficinistas que acuden a esa parte de Londres (más de veinticinco mil cada día) en un laberinto de galerías comerciales chillonamente iluminadas que podría estar en cualquier parte.

Si Canary Wharf es un aeropuerto de fantasía, el viaje al auténtico Heathrow, una de las experiencias vitales más tediosas tanto para los visitantes como para los londinenses, se facilitó de repente con la construcción de un servicio exprés limpio, eficiente y confortable desde la estación de Paddington. (El precio pagado, por lo visto, ha sido la «aeropuertización» y afeamiento de la estación de Paddington, obra de Brunel, una de las más nobles y antiguas estaciones victorianas que ahora es una predecible y horrenda aglomeración de cristal, bares de sushi, tiendas de calcetines y cajeros automáticos.) Si fue posible construir un servicio ferroviario tan bueno al aeropuerto, ¿por qué Londres no puede tener un sistema de metro comparable al de París o Moscú? La respuesta debe buscarse en la antigua cuestión, no resuelta desde la Ley de Gobierno Local de 1888, de cómo se gobierna Londres y de la relación entre los administradores locales de Londres y el gobierno central.

En una entrevista publicada póstumamente, el historiador Hugh Trevor-Roper (lord Dacre) se lamentaba de «la americanización y cretinización» de Gran Bretaña, un fenómeno fomentado alegremente por el magnate de la prensa Rupert Murdoch. Todo el que haya observado Gran Bretaña durante los últimos cincuenta años sabe a qué se refiere, y todo el que haya vivido en Londres durante los últimos veinte años sabe que la capital es una manifestación orgánica de esa cretinización. Tres ejemplos bastarán.

El 31 de diciembre de 1999, la víspera del nuevo milenio, la soberana, el primer ministro y una gran multitud de notables se reunieron para un estúpido concierto pop en el Millenium Dome que se había construido en Greenwich. Los entusiastas de esta fea y, sobre todo, boba construcción llevaban mucho tiempo diciéndonos que rivalizaría con el Crystal Palace y con la Exposición Universal de 1851, tanto en ingresos obtenidos como en el brillo que añadiría a la reputación nacional. Cuando escribo esto, en 2003, todavía está en pie, pero permanece vacía y les cuesta a los contribuyentes cientos de millones de libras en impuestos. Yo fui uno de los tres millones de desconsolados que se dejaron engañar para visitar la construcción de Greenwich y descubrieron que no era más que una tontería. La Zona Astronómica te contaba mucho menos sobre el espacio exterior que el excelente Planetario de Marylebone Road; la Zona del Dinero era una guía infantil de la City, que insultaba la inteligencia de los niños más pequeños; la Zona de la Fe, que tuvo que ser costeada por un par de hombres de negocios hindúes que gracias a ello obtuvieron la nacionalidad británica, era una patética parodia de la historia cristiana. El aspecto más revelador de todo el lugar era su mal servicio de hostelería. Un triste pub, donde la comida no era especialmente buena, era el único sitio donde se podía conseguir alcohol; lo demás eran establecimientos de «comida basura» seudoamericanos o americanos de verdad. Se suponía que esta era una celebración británica, pero no había conectado con el resurgimiento del interés por la comida británica, las carnes y verduras producidas orgánicamente, el buen queso inglés y las buenas cervezas.

Si el Millenniun Dome puso a Londres en ridículo, la transformación de la innecesaria central de energía de Bankside en la Tate Modern fue aún más risible, más patética. Al menos, todos los visitantes del Millenium Dome se daban cuenta, nada más llegar, de que habían sido engañados y las exposiciones eran absurdas. La Bankside Power Station, inaugurada en 1963, fue una de las últimas grandes obras de arquitectura funcional de Londres, construida por los ingenieros Mott Hay y Anderson, guiados por el genio arquitectónico de sir Giles Gilbert Scott, el creador de la catedral de Liverpool y de las cabinas telefónicas rojas. La obra de ladrillo es impresionante; los espaciosos interiores, dignos de una gran iglesia romana. Habría sido una buena idea transformar la central de energía, cuando dejó de ser necesaria, en una galería de arte. Por desgracia, en lo que se convirtió fue en un anuncio de que no había arte que exhibir en ella. Millones de visitantes que no se atrevían a reconocer que no sabían lo que es el arte acudieron en masa y se declararon emocionados, estimulados y elevados por las carísimas bromas perpetradas contra el mundo del arte por artistas «ingeniosos» y sus marchantes.

El tercer ejemplo de la cretinización de Londres fue el anuncio, hecho en abril de 1996 por el dinámico y recién elegido líder del Partido Laborista, Tony Blair, de que si su partido ganaba las elecciones generales instauraría un alcalde de Londres elegido al estilo americano. Lo que ocurrió cuando el Partido Laborista salió efectivamente elegido al año siguiente fue algo que superaba los sueños más satíricos de los autores de parodias. La Ley de Autoridad de Londres de 1999 creaba la infraestructura para un alcalde electo y una asamblea de veinticinco miembros. Ken Livingstone, el aficionado a los tritones de la voz nasal que tanta polémica había causado siendo líder del GLC, quería ser el candidato laborista. El primer ministro tenía otros planes. Blair presentó como candidato laborista a un hombre de paja, el ex líder de la junta municipal de Camden, un tontorrón barbudo llamado Frank Dobson (alias «Dobbo»). No era el elegido del pueblo. En unas elecciones en las que apenas votó la mitad del electorado, Dobbo y su joven marionetista de Downing Street fueron humillados. Los tories presentaron a un simpático tenorio llamado Steve Norris. Livingstone se presentó como candidato independiente y ganó.

La alcaldía de Londres ha sido hasta ahora el terrible fracaso que era de esperar. A Tony Blair le gustaba hablar de democracia, pero no tenía instintos democráticos. Al alcalde se le dio una Asamblea y un edificio nuevo y feo para sustituir al County Hall de Aston Webb (que ha sido comprado por el publicista supremo Charles Saatchi para albergar su famosa colección de corderos muertos, camas sin hacer y otras obras de arte). Pero al alcalde no se le dio poder para subir los impuestos y, por lo tanto, no tiene autoridad.

El gobierno central se negó a financiar el plan de Livingstone para mantener el metro de Londres como una propiedad plenamente pública, e insistió en un plan de copropiedad pública-privada, que el mandamás americano del transporte Bob Kiley, encargado de revitalizar el metro, ha declarado que es impracticable. Cuando escribo esto, es todavía demasiado pronto para decir si el gravamen de congestión de Ken Livingstone, ideado para reducir el tráfico en el West End, dará resultado. La dificultad de inscribirse y adquirir el derecho a pagar el gravamen de cinco libras al día ha reducido espectacularmente el tráfico en el centro de Londres. En consecuencia, el plan no ha generado ingresos con los que financiar la tan cacareada mejora del transporte público. Un crítico amable ha dicho que el plan ha sido víctima de su propio éxito; es lo que otros describirían como un fracaso.

El Plan Londres de Livingstone, publicado en el verano de 2002, es una obra maestra de eufemismos y clichés mal disimulados. «En la emergente sociedad de la información, Londres necesitará convertirse cada vez más en una ciudad de aprendizaje» (p. 30) es el típico galimatías que pretende ocultarse a sí mismo el hecho de que en un futuro la mitad de la población de Londres será analfabeta. Menciona el declive de la industria y dice que el principal impulsor «de la creación de empleos han sido [...] los servicios, dominados principalmente por el sector del ocio y de los servicios dirigidos al público». Esto significa que ya hay muy pocos londinenses que hagan algo específicamente útil, y que tu mejor posibilidad de conseguir empleo si estás parado es trabajar de camarero, de sirviente doméstico en un hotel o de prostituta. El alcalde electo considera que su deber es «abordar la desigualdad, sobre todo entre grupos, como las mujeres, los minusválidos, los negros y otras comunidades étnicas minoritarias» (p. 15). Posiblemente, construir un Londres que sea «más accesible para los discapacitados» (p. 10) y «comunicar la visión» resultará algo más difícil que «abordar» (una de sus palabras favoritas) el problema del desempleo. El plan del alcalde hace notar que «el 29 por ciento de los adultos en edad laboral de Londres están desempleados. [...] La tasa es mucho más alta entre las minorías étnicas de Londres, donde asciende al 42 por ciento» (p. 33). No se menciona la «economía sumergida», es decir, el hecho de que, salvo en caso de emergencia, ningún londinense contrata escayolistas, decoradores, carpinteros, fontaneros o electricistas de modo que pueda ser detectado por Hacienda. Estos individuos cobran en efectivo, lo mismo que casi todos los limpiadores domésticos, niñeras y canguros, una gran proporción de los cuales complementa sus ingresos reclamando subsidios de paro o de incapacidad. No hacerlo así significaría, simplemente, que no podrían permitirse vivir en Londres, donde es difícil encontrar viviendas de alquiler asequibles y donde comprar un habitáculo, por pequeño que sea, está fuera del alcance de cualquiera que pretenda vivir con el sueldo de un profesor, una enfermera, un bombero o un policía.

Lo que viene a decir el plan de Livingstone para Londres, una vez que se traduce a un lenguaje inteligible y se estudian sus numerosas tablas estadísticas, es que Londres es una ciudad sostenida por dos factores económicos: la City, contra cuyas instituciones financieras y cívicas Livingstone libró una incesante guerra en sus tiempos del GLC, y el turismo, que ha cambiado el carácter del viejo Londres hasta el punto de destruirlo. Si se suman las personas con empleos útiles –es decir, empleos suficientemente remunerados como para pagar fuertes impuestos para financiar el transporte, la sanidad, la educación y los planes de asistencia social, aunque sea a un nivel minimalista–, se comprueba que la mayoría de los habitantes de la Cool Britannia o del Swinging London son zánganos mantenidos por un grupo cada vez menor de hombres de negocios, financieros, periodistas, marchantes de arte y músicos pop que ganan cantidades exorbitantes. Esta es la visión que el siempre popular Ken el Rojo consiguió comunicar a una población indiferente en cientos de páginas de prosa difícilmente legible.

Aunque dedica la debida atención a las maravillas de la Blue Ribbon Network (los canales y vías fluviales de Londres), calculando que por el río Támesis circulan tres millones de personas y 750.000 toneladas de residuos domésticos en diversos períodos del año, Ken no se decide a expresar las implicaciones del calentamiento global y las medidas contra las inundaciones en caso de que el nivel del mar y del río suba por encima de los modestos niveles previstos hace años, cuando se construyó la barrera del Támesis. La Agencia del Medio Ambiente calcula que a los contribuyentes londinenses les costaría más de cuatro mil millones de libras, a pagar en cinco años, contener el desbordamiento del Támesis. Desde su informe de 2002, algunas zonas de la ribera del Támesis, como ciertas partes de Surrey y Berkshire (por ejemplo, Maidenhead) han sufrido en otoño e invierno las inundaciones más graves de su historia. Ken ha dado el visto bueno a la construcción de cien mil nuevas viviendas en la zona de Thames Gateway, al este de Londres. Por desgracia, la Asociación de Aseguradoras Británicas, por medio de su portavoz, el señor Malcolm Tarling, ha declarado que «tendríamos que empezar a pensar en trasladar nuestra capital a otra parte». Es una declaración apocalíptica, lo mismo que la del apropiadamente llamado Mike Tempest, de Aguas del Támesis, que dice que costaría «miles de millones de libras» dotar a la capital de un sistema adecuado de desagüe y alcantarillado.

Está claro que Londres se tendrá que enfrentar a graves problemas si su población sigue creciendo y sus infraestructuras siguen escasas de fondos. Sin duda, hay algunos Jeremías que creen que está mal equipada para el futuro; y los avisos de inundación deben de infundir en algunas mentes la creencia de que Londres será barrido por las olas, como Nínive y Tiro.

Y, sin embargo, el Londres moderno tiene algo que le hace a uno creer que, a pesar de los errores cometidos por sus administradores, sabrá responder a los desafíos del futuro. El hecho mismo de que tanta gente quiera viajar a Londres es una garantía de su vida exaltada e irreprimible.

No vienen simplemente como parásitos y delincuentes, como los pesimistas quieren hacernos creer. La gente que llega a Londres de otras partes del Reino Unido o del extrajero viene atraída por una energía colectiva que es palpable, y por el hecho de que gran parte de lo que ocurre en el Londres moderno es bueno. Los inversores no dan señales de abandonar la City. A pesar de la «cretinización» de la capital emprendida por publicistas y políticos, nunca ha habido una época en la que los museos y galerías ofrecieran tantas exposiciones de alto nivel, ni en la que los restaurantes fueran mejores. El prestigio de los teatros de Londres, y sobre todo de la Royal Opera House y el Royal Ballet, la calidad de los conciertos en innumerables salas, tanto de música clásica como de otros tipos, puede rivalizar con, e incluso superar a, París, Nueva York o Milán. Ir de tiendas en Londres puede llegar a ser, y para algunas personas es, una ocupación de jornada completa. La vida nocturna satisface todos los gustos, desde los más inocentes a los más depravados. En Londres uno se siente vivo como en ninguna otra parte de Gran Bretaña, rodeado de tanta excelencia.

De manera similar, a pesar de la fealdad de los edificios y de las reformas urbanísticas que se han amontonado sin pararse a pensar, Londres sigue siendo una ciudad de gran elegancia. Al pasear de un barrio a otro, cada pocos cientos de metros se pasa por algún sitio que en cualquier otra parte del Reino Unido causaría sensación. Los edificios medievales de Westminster y de Smithfield son impresionantes, lo mismo que la Torre de Londres. A pesar de la ferocidad de los bombardeos y de la codicia de los constructores, todavía quedan bellas iglesias de los siglos XVII y XVIII, todavía hay abundancia de preciosas plazas y *terraces* de los siglos XVIII y XIX. Puede que nuestra generación no haya aportado a la arquitectura de Londres muchas contribuciones de las que las generaciones futuras puedan sentirse orgullosas, pero ¿quién sabe?, a lo mejor llega un día en que las obras de lord Rogers sean tan veneradas como la sede de los juzgados, el palacio de Westminster de Barry o el Senado de Charles Holden.

En cualquier caso, un recorrido arquitectónico por Londres es mucho más que una simple experiencia estética: es un encuentro personal con los londinenses del pasado. Cada distrito de Londres, figure o no en el mapa turístico, está repleto de recuerdos hechizantes. Aquí, el pasado y el presente siempre se funden. En las multitudes del Londres actual podemos ver los rostros de los que «cruzaron en masa el Puente de Londres» en generaciones anteriores. En su siempre fluctuante población sentimos que la vida de la ciudad es una experiencia colectiva, en parte secreta y en parte compartida. No solo la comparten los vivos, sino también los muertos. El dinamismo, su vida inextinguible que se extiende hacia un futuro desconocido, se deriva en gran medida del pasado y de la multiplicidad de experiencias humanas que las calles y ríos de Londres han contemplado desde que los romanos construyeron su primer puente provisional en algún lugar cercano a la moderna Westminster.

Notas

2. ¿Nueva Troya o Londres romano? (pp. 33-37)

1. William Maitland, *The History of London*, 1775, p. 137.
2. *Dictionary of National Biography*.
3. Geoffrey of Monmouth, *The History of the Kings of Britain*, traducción de Lewis Thorpe, Penguin, 1966, p. 65 (hay trad. cast.: *Historia de los reyes de Britania*, Alianza, Madrid, 2004).

4. El Londres de Chaucer (pp. 45-51)

1. Censo Electoral de la Ciudad, 110, 5, Ricardo II pergamino 2.

5. El Londres de los Tudor y los Estuardo (pp. 53-58)

1. Katherine Duncan-Jones, *Ungentle Shakespeare*, Arden, 2001.
2. Roy Porter, *London: A Social History*, Hamish Hamilton, 1994.
3. Charles Lethbridge Kingsford, introducción a John Stow, *A Survey of London*, OUP, 1908, p. xxx.

7. El Londres georgiano (pp. 79-100)

1. John Carswell, *The South Sea Bubble*, Cresset Press, 1960.

2. Antonia Fraser, *Cromwell*, Widenfeld & Nicolson, 1973, p. 561.

8. La revolución industrial y la metrópoli de Nash (pp. 101-114)

1. Citado por Martin Daunton en C. Fox (ed.), *London - World City 1800-1840*, Yale University Press with Museum of London, 1992, p. 21.

2. Véase Andrew Saint, «The Building Art of the First Industrial Metropolis», y Martin Daunton, «London and the World», en C. Fox», *op. cit.*

3. Susan Lasdun, *The English Park*, André Deutsch, 1991, p. 177.

10. 1900-1939 (pp. 133-150)

1. Ruth Guilding, «The Model Traffic Recreation Area at Lordship Lane», *The Gardener or the Gardener's Intelligence*, 1996-1997, vol. 2, n.º 2, p. 18.

2. Anthony Grenville, *Continental Britons: Kewish Refugees from Nazi Europe*, The Jewish Museum, Londres, 2002, p. 30.

3. Harold Nicolson, *Diaries, 1930-1939*, Collins, 1971, p. 413.

4. Stevenson, 1995, p. 11.

11. La guerra de 1939-1945 (pp. 151-158)

1. William Shakespeare, *King John*, V.vii, 112-113 (hay trad. cast.: *El rey Juan*, Real Escuela Superior de Arte Dramático y Danza, Madrid, 1995).

2. Simone Pétrement, *Simone Weil*, Mowbrays, 1976, p. 511 (hay trad. cast.: *Vidas de Simone Weil*, Trotta, Madrid, 1997).

3. Alexandra Richie, *Faust's Metropolis*, HarperCollins, 1998, p. 496.

4. Elizabeth Bowen, *The Heat of the Day*, Jonathan Cape, 1949, p. 83.

5. Stephen Inwood, *A History of London*, Macmillan, 1998.

6. Conversación con el autor.

7. *Don Juan*, Canto IX.iv.

12. La posguerra (pp. 159-173)

1. www.museum-london.org.uk/MOLsite/exhibits/festival.

2. Véase Robert Gray, *A History of London*, Hutchinson, 1978, p. 318.

3. William J. R. Curtis, *Denys Lasdun: Architecture, City, Landscape*, Phaidon, 1994.

4. Mike Pentelow y Marsha Rowe, *Characters of Fitzrovia*, Chatto, 2001, p. 236.

13. El fin del sombrero hongo (pp. 175-186)

1. Peter Walker, *Staying Power*, 1991, p. 56, citado en David Kynaston, *The City of London*, vol. IV, *A Club no More 1945-2000*, Chatto, 2001.

2. Citado en Kynaston, p. 696.

3. *Gulliver's Travels*, parte III, capítulo 5.

4. Jerry White, *London in the Twentieth Century*, Viking, 2001, p. 342.

14. Londres, cosmópolis (pp. 187-196)

1. BBC News website, «Immigration: fact of hype», agosto de 2002.

2. The Draft London Plan, p. 15.

15. Londres trivial (pp. 197-210)

1. *The Decline and Fall of the Roman Empire*, capítulo 52.

Selección bibliográfica

La bibliografía de la historia de Londres es enorme. La que sigue a continuación es solo una selección de las obras que he consultado.

Ackroyd, Peter, *London, The Biography*, Chatto, 2000 (hay trad. cast.: *Londres: una biografía*, Edhasa, Barcelona, 2002).

Ashton, John, *The Fleet, its river, prison and marriages*, T. Fisher Unwin, 1888.

Baker, Timothy, *Medieval London*, Cassell, 1970.

Barnett, David, *London, Hub of the Industrial Revolution*, Tauris Academic Studies, 1998.

Barton, N. J., *The Lost Rivers of London*, Phoenix House Ltd., Londres, Leicester University Press, 1962.

Betjeman, John, *London's Historic Railway Stations*, John Murray, 1978.

—, *Metroland*, Warren, 1977.

—, *Summoned by Bells*, John Murray, 1966.

—, *Victorian and Edwardian London from Old Photographs*, Portman, 1987.

Boswell, James, *Lif of Johnson*, Everyman, 1992.

Bowen, Elizabeth, *The Heat of the Day*, Jonathan Cape, 1949.

Brimblecombe, Peter, *The Big Smoke, a history of air pollution in London since medieval times*, Routledge, 1988.

Byrne, Andrew, *London's Georgian Houses*, Georgian Press, 1986.

Byrne, Richard, *Prisons and Punishments of London*, Harrap, 1981.

Chapman, Stanley, *The Rise of Merchant Banking*, Allen and Unwin, 1984.

Clark, John, *Saxon and Norman London*, HMSO, 1989.

Clayton, Anthony, *Subterranean City*, London Historical Publications, 2000.

Clout, Hugh, ed., *The Times London Atlas*, The Times, 1991.

Cole, Harry, *Policeman's Lot*, Fontana, 1981.

Cruickshank, Dan, y Neil Burton, *Life in the Georgian City*, Viking, 1990.

Cruickshank, Dan, y Peter Wyld, *Georgian Town Houses and Their Details*, Butterworth, 1990.

—, *London, The Art of Georgian Building*, Architectural Press, 1975.

Dakers, Caroline, *The Holland Park Circle*, Yale University Press, 1999.

de Mare, Eric, *Wren's London*, Michael Joseph, 1975.

Denton, Pennie, ed., *Betjeman's London*, John Murray, 1988.

Duffy, Ian, *Bankruptcy and Insolvency in London During the Industrial Revolution*, Garland, Nueva York y Londres, 1985.

Elgar, Donald, *The Royal Parks*, W. H. Allen, 1986.

Eliot, T. S., *Collected Poems 1909-1962*, Faber, 1963 (hay trad. cast.: *Poesías reunidas*, Alianza, Madrid, 1995).

Eylse, Allen, y Keith Skone, *London's West End Cinemas*, Sutton, Premier Bioscope, 1984.

Fido, Martin, *Murder Guide to London*, Grafton, 1990.

Fox, Celina, ed., *London - World City 1800-1840*, Yale University Press en colaboración con el Museo de Londres, 1992.

George, M. Dorothy, *London Life in the Eighteenth Century*, Penguin, 1976.

—, *Nursing at Guy's 1726-1996*, Cambridge, Granta Editions, 1997.

Girouard, Mark, *Victorian Pubs*, Studio Vista, 1975.

Goodway, David, *London Chartism 1838-1848*, Cambridge, 1982.

Gray, Robert, *A History of London*, Hutchinson, 1978.

Guilding, Ruth, «The Model Traffic Recreation Area at Lordship Lane», en *The London Gardener or the Gardener's Intelligence*, vol. 2, n.º 2, 1996-1997, p. 18.

Halliday, Stephen, *The Great Stink of London*, Sutton, Stroud, 2001.

Hammond, Peter, *Her Majesty's Royal Palace and Fortress of the Tower of London*, Ministerio de Medio Ambiente, 1987.

Harrison, Michael, *London Beneath the Pavement*, Peter Davies, 1961.

Hibbert, Christopher, *London, the Biography of a City*, Penguin, 1980.

Hone, J. Ann, *For the Cause of Truth, Radicalism in London*, Oxford, 1982.

Howe, Ellie, *A Short Guide to the Fleet River*, T. C. Thompson & Son Ltd, 1955.

Howson, H. F., *London's Underground*, Ian Allan, 1981.

Huelin, Gordon, *Vanished Churches of the City of London*, Guidhall Library, 1996.

Inwood, Stephen, *A History of London*, Macmillan, 1998.

Jones, Gareth Stedman, *Outcast London*, Penguin, Harmondsworth, 1976.

Knott, Simon, *The Electoral Crucible, The Politics of London 1900-1914*, Greene & Co., 1977.

—, *The Zoological Society of London, 1826-1876*, Zoological Society of London, 1976.

Kynaston, David, *The City of London, vol. 1: A World of Its Own, 1815-1890*, Chatto, 1994.

—, *The City of London, vol. 2: Golden Tears, 1890-1914*, Chato, 1995.

—, *The City of London, vol. 3: Illusions of Gold, 1914-1945*, Chato, 1999.

—, *The City of London, vol. 4: A Club No More, 1945-2000*, Chato, 2001.

Lasdun, Susan, *The English Park, Royal, Private and Public*, André Deutsch, 1991.

Lindsay, Paul, *The Synagogues of London*, Vallentine Mitchell, 1993.
Linebaugh, Peter, *The London Hanged*, Allen Lane, 1991.
Longstaffe-Gowan, Todd, *The London Town Garden 1740-1840*, Yale University Press, 2001.
Marsden, Peter, *Londonium*, Ginn, 1971.
Matthews, John, y Chesca Potter, eds., *The Antiquarian Guide to Legendary London*, The Acquarian Press, 1990.
McKellar, Elizabeth, *The Birth of Modern London*, Manchester University Press, 1999.
McKisack, May, *The Fourteenth Century*, Oxford y Clarendon Press, 1959.
Mears, Kenneth, *The Tower of London, 900 years of English history*, Phaidon, 1988.
Merrifield, Ralph, *Roman London*, Cassell, 1969.
Milne, Gustav, *The Port of Roman London*, Batsford, 1985.
Okokon, Susan, *Black Londoners, 1880-1990*, Sutton, Stroud, 1998.
Olsen, Donald, *The Growth of Victorian London*, Penguin, 1979.
Orwell, George, *The Collected Essays, Journalism and Letters*, vol. 1, Penguin, 1983.
Pennick, Nigel, *Early Tube Railways of London*, Electric Traction Publications, Cambridge, s.f.
Pevsner, Nikolaus, *London*, vols. 1 y 2 (revisados por Bridget Cherry).
Porter, Roy, *London: A Social History*, Hamish Hamilton, 1994.
Potter, Chesca, website, *The River of Wells*.
Riley, Henry Thomas, ed., *Munimenta Gildhallae Londoniensis*, vols. 1 y 3, Longman, 1859.
Rivett, Geoffrey, *The Development of the London Hospital System, 1823-1982*, King Edward's Hospital Fund for London, 1986.
Rowse, A. L., *The Tower of London*, Michael Joseph, 1977.
Schofield, John, *The Building of London, from the Conquest to the Great Fire*, Bristol Museum Publications, 1984.

Shaw, E. R., *The London Money Market*, Heinemann, 1978.

Sheppard, Francis, *London: A History*, Oxford University Press, 1998.

Shute, Narina, *London Villages*, Hale, 1977.

Stamp, Gavin, *The Changing Metropolis*, Viking, 1984.

Stevenson, John, ed., *London in the Age of Reform*, Blackwell, Oxford, 1977.

Summerson, John, *Georgian London*, 1948, edición revisada, Penguin, 1978.

Taylor, Gladys, *Old London Gardens*, Hornchurch, 1977.

Thomson, David, *In Camden Town*, Hutchinson, 1983.

Tyndale, Timothy, *The Lawyers, The Inns of Court; the Home of the Common Law*, Wildy & Sons Ltd, Londres, 1976.

White, Jerry, *London in the Twentieth Century*, Viking, 2001.

—, *The Worst Street in North London, Campbell Bunk Islington between the Wars*, Routledge, 1986.

Willson, E. J., *West London Nursery Gardens*, Fulham and Hammersmith Historical Society, 1982.

Yelling, J. A., *Slums and Slum Clearance in Victorian London*, Allen and Unwin, 1986.

Índice alfabético

Esta obra,
publicada por Random House,
se acabó de impimir en los
talleres de Brosmac en el mes
de enero de 2005